죽음, 아름다운 영혼

안도현 지음

예영커뮤니케이션

죽음, 아름다운 은총

안도현 지음

|영|혼|의|등|불|을|밝|혀|주|는|삶|의|이|야|기|

죽음, 아름다운 은총

지은이 · 안도현
초판 찍은날 · 2002년 3월 10일
초판 펴낸날 · 2002년 3월 15일
펴낸이 · 김승태
편집디자인 · 프린트미디어 02)385-3267
등록번호 · 제2-1349호(1992. 3. 31)
펴낸곳 · 예영커뮤니케이션
　　　　110-616 서울 광화문 우체국 사서함 1661
　　　　출판유통사업부　T. (02)766-7912　F. (02)766-8934
　　　　　　　　　　E-mail: jeyoungsales@chollian.net
　　　　출판사업부　　T. (02)766-8931　F. (02)766-8934
　　　　　　　　　　E-mail: jeyoungedit@chollian.net

ISBN 89-8350-238-X

값 8,000원

찬송가 543장 '저 높은 곳을 향하여' 를
즐겨 부르시며 주님 품에 안기신 어머니와
말없이 늘 곁에서 헌신하여준 가족들,
그리고 아름다운교회 성도님들께
이 책을 선사합니다.

Contents

머리말/안도현 10 | 추천의 글/염두철 15 |

제1장 죽음을 바라보며

중국 계림에서 · 22

준비된 죽음 · 24 | 고향 가셔야지요 · 27 | 어머니의 장례식 · 28

하나님의 인도하심 · 30

환상 · 31 | 서원 기도 · 34 | 예수꾼 · 37 | 전인치유 목회를 꿈꾸며 · 38
하필이면 전도서를 · 39 | 보람있게 사는 길 · 42

허무하게 가버린 사람 · 44

죽으면 끝인가 · 45 | 왜 서두를까 · 48 | 마지막 잎새 · 50
두 가지의 영적 지식 · 52 | 연약한 우리들 인간 · 55
서로 용서하자 · 57 | 자족하며 사는 삶 · 59

고인들을 보내면서 · 63

암으로 떠난 자매 · 64 | 예방이 필요하다 · 66
이곳이 베데스다 연못 이다 · 69 | 할렐루야가 무슨 뜻입니까 · 71

죽음 앞에서 · 74

죽음의 그림자 · 75 | 생사의 갈림길에서 · 77 | 주님의 뜻이라면 · 80
죽음으로부터의 자유 · 81 | 주님의 은총을 · 82 | 고통의 열매 · 84
 끊어야 산다 · 88

 제 2 장 죽음은 끝, 그러나 시작

다양한 죽음관 · 94
중국인의 죽음관 · 94 | 일본인의 죽음관 · 98 | 한국인의 죽음관 · 100
무엇이 문제인가 · 103 | 죽음 이후 · 107 | 천국과 지옥 · 109

올바른 죽음 이해 · 115
죽음은 정상적인 것인가 · 116 | 죽음의 원인 · 118 | 죽음의 의미 · 120

성도의 죽음 · 123
잠과 같은 죽음 · 123 | 천국으로의 이민 · 127 | 고향으로의 회귀 · 131
완전한 생활의 시작 · 135

소유권 이전 · 139
살든지 죽든지 · 142 | 카타콤 · 144 | 순교자 · 146
노예인가, 자유인인가 · 148

 제 3 장 죽기와 잘 죽기

내일 일을 자랑치 말라 · 156
타이타닉 · 157 | 진주만 · 158 | 내일을 숨기시는 하나님 · 160

오늘이 생의 마지막 날이라면 · 162 | 하루를 사는 지혜 · 164
잘 죽기 위하여 기도하자 · 167 | 이 세대를 본받지 말라 · 169

마지막 말 · 172
유언장을 써 보자 · 173 | 가상칠언 · 176 | 작별 인사 · 179
남기고 싶은 말 · 181 | 표현한 만큼 자유롭다 · 183

제4장 은혜로운 장례식을 위하여

천국 환송식 · 188
중요한 마지막 순간 · 189 | 전도의 기회 · 192 | 전도의 효과 · 194
장례시 주의할 점 · 197 | 제사 문제 · 200

이렇게 해보자 · 203
분위기를 밝게 하자 · 205 | 교회를 개방하자 · 208
예식을 간소화하자 · 210 | 아이들도 참여시키자 · 212
화장도 괜찮다 · 214

 상실에서 소망으로

유가족 돌보기 · 220

잘 들어 주라 · *222* | 우는 자와 함께 울라 · *224* | 함께 있어 주라 · *226*
일상생활을 돌보아 주라 · *227*

왜 살아야 하는가 · 229

의미를 알면 산다 · *230* | 때가 되면 알게 된다 · *232*

글을 마치면서 · 236

죽음은 인간의 숙명입니다. 성경은 "한번 죽는 것은 사람에게 정하신 것이요 그 후에는 심판이 있으리니"(히 9:27)라고 분명하게 말하고 있습니다. 인류 역사에서 아직까지 이 말씀을 어긴 사람은 아무도 없었습니다.

생명의 마지막 순간은 우리가 아무리 원치 않는다 해도 기어이 오고야 맙니다. 죽음에는 순서가 없습니다. 하나님은 중풍이나 치매에 걸린 노인들을 먼저 불러 가지 않고 때때로 젊은이나 어린아이들을 먼저 불러 가기도 하십니다. 어느 순간에 죽음이 임할지 알 수 없습니다. 어제까지 건재하던 사람이 오늘 갑자기 유명을 달리할 수 있습니다.

인생은 허무, 그 자체입니다. 그가 우리 눈에서 사라져 버리고 나면 우리 마음에서도 사라지고 마는 법입니다. 이렇게 인생이 짧고 부질없는 것이지만 사는 동안에도 우리는 얼마나 많은 날을 괴롬과 어두움 가운데 보내고 있습니까?

유명한 기독교 작가였던 존 번연은 죽음에 대해 다음과 같은 말을 했습니다.

"내가 이해하지 못했던 것 두 가지가 있었습니다. 첫째, 노인들이 마치 이곳에서 영원히 살 것처럼 이생의 일을 추구하는 것을 보았을 때였고, 두 번째는 믿는다고 하는 사람들이 남편, 아내, 자녀의 죽음 등과 같은 손실들을 겪을 때 너무 번민하고 낙담하는 것을 발견했을 때였습니다."

이 말은 그가 하늘 나라에 대해 얼마나 잘 알고 있는가에 대해 말해 줍니다. 그가 천국을 소망하며 쓴 「천로역정」은 수세기 동안 성도들이 순례자의 길을 가는데 큰 도움을 주고 있습니다.

우리 인생은 나그네입니다. 나그네의 짐은 가벼워야 합니다. 우리 인간이 지고 있는 짐 가운데 '죽음' 이라는 짐은 가장 무거운 짐입니다. 그러나 죽음을 올바로 이해하고, 죽음을 준비하면 무거운 짐이 벗어지고 나그네의 발걸음은 한결 자유로워지는 것입니다.

나는 몇 년 전 폐암 선고를 받고 죽음의 그늘 아래서 삶과 죽음의 문제를 진지하게 생각하고 인생을 정리해 본 적이 있었습니다. 그 경험을 통해 죽음을 친근한 친구처럼 생각할 수 있게 되었습니다. 나그네는 집착하지 않습니다. 우리는 인생을 그렇게 살아야 합니다.

안이숙 여사는 「죽으면 죽으리라」, 「죽으면 살리라」,「당신은 죽어요, 그런데 안죽어요」라는 책들을 썼습니다. 그런데 저서마다 죽음이라는 단어가 들어 있습니다.

"왜 하필이면 저서마다 죽음이란 단어를 꼭 넣어야 합니까?"라는 질문에 대해 안 여사는 이렇게 대답했습니다.

"죽음이라는 단어는 내게 정답고 환희를 안겨준다. 반드시 기어코 오고 있는 그 진짜 죽음! 내 앞에 그것이 있다는 것이 나를 바로 살게 하는 원동력이 되기도 한다. 매일의 생활, 순간 순간마다 나를 받들어 주고, 밀어주고, 용기와 지혜를 주기 때문이다. 이 살아가는 곤고한 인생 길에 죽음을 알고 죽음이 가져올 그 뒤의 실상을 생각하지 않으면 어디서 힘을 얻으며 어떻게 지혜가 생겨날 것인가?"

그렇습니다. 참으로 죽음이 무엇인가를 알면 죽음은 두려움과 혐오의 대상이 아니라 친구와 같고, 우리 삶에 무한한 용기와 힘을 공급해 주는 원동력이 되는 것입니다.

토마스 아켐피스는 「그리스도를 본받아」에서 "자기의 임종의 순간을 항상 마음에 생각하고 날마다 준비하고 있는 사람처럼 행복한 사람은 없다"고 했습니다. 성자 프란시스는 "사랑하는 나의 자매, 죽음이여"라고 했습니다.

일본의 우찌무라 간조도 죽음에 직면한 적이 있었는데 그는 「그리스도 신도의 위로」라는 책에서 "죽음은 나에게 최상의 선물이다"라고 했습니다. 요즘 사람들에게 주목을 받고 있는 헨리 나우웬도 「죽음, 최고의 선물」이라는 책을 썼습니다.

영적으로 볼 때 우리는 죽기 위해 사는 존재들입니다. 죽어야 삽니다. 그래서 바울은 "나는 날마다 죽노라"고 했습니다. 내가 죽어야 예수가 살고, 죽어야 부활이 있습니다. 우리의 자아가 죽어야만 영적으로 살고, 영원한 천국에 들어갈 수 있는 것입니다.

성도라면 천국을 사모하는 신앙이 있어야 합니다. 천국에 대한 소망이 없다면 그 신앙은 위선입니다. 우리는 항상 세상을 떠날 준비를 하고 있어야 합니다.

한국교계의 거목이신 이중표 목사님께서 이미 '별세 목회'라는 한 장르를 정리해 놓으셨습니다. 나는 그 분에게 직접 배우거나 만나 뵌 일도 없습니다. 하지만 나 역시 별세 목회를 추구하는 입장에서 그 분을 존경하며 그 분을 통해 용기를 얻은 바 있습니다.

이 책은 나와 우리 교회를 중심으로 엮어졌고, 죽음에 대한 전반적인 내용들을 다루고 있습니다. 나의 마음은 죽음을 두려워하는 분들을 향해 있습니다. 이 책을 내는 나의 소망은 크게 두 가지입니다.

우선 천국이 있음을 믿는다고 하면서도 내세의 삶을 준비하지 않고 살아가는 사람들에게 죽음을 생각하게 함으로써 좀 더 의미 있는 삶을 살아갈 수 있도록 돕고자 하는데 있습니다.

또 한 가지는 암이나 기타 질병으로 죽음을 향해 걸어가고 있는 환우들에게 천국에 대한 소망을 갖게 함으로 두려움을 이기고 평안히 가실 수 있도록 돕고자 하는데 있습니다.

이 책을 내놓기까지 여러분이 애쓰고 수고하셨습니다. 여러모로 큰 도움을 주신 염두철 목사님께 특별히 고마움을 표합니다. 또한 출판을 위해 애쓰신 김혁수, 이문영 안수집사님, 그리고 이 글을 쓸 수 있도록 한 나의 분신과도 같은 우리 교회 성도들, 그리고 원고를 꼼꼼히 읽고 교정을 위해 수고해 주신 박혜경 전도사님과 이유민 집사님에게 감사드립니다.

2002년 부활절을 앞두고 풍동골에서
안 도 현 목사

이 책은 안도현 목사님의 목회를 소개하는 두 번째 책입니다. 안 목사님은 불굴의 개척 정신으로 복음의 불모지 풍동에 오늘의 아름다운교회를 이룩하였고, 예수 그리스도를 닮은 겸손과 희생, 그리고 섬김의 목회로 본이 되고 있습니다.

앞서 출간된 「작은 교회 큰 이야기」는 아름다운교회의 개척사로서 성장의 벽에 부딪쳐 어려움을 겪는 작은 교회들에게 소망을 불러 일으켜 주었으리라 믿습니다. 「작은 교회 큰 이야기」를 보면 안 목사의 헌신된 삶의 모습과 아름다운교회가 지니고 있는 탁월함을 볼 수 있습니다.

전 교인을 하나로 엮어 놓을 수 있었던 여름 가족수련회, 아름다운교회를 따뜻한 식탁 공동체로 만들 수 있었던 매 주일 전 교인 공동식사, 해마다 실시하는 경로잔치, 도자기 축제와 뮤지컬을 중심으로 한 문화사역, 그리고 은혜로운 징례식이 바로 그것입니다.

장례식은 결혼식과 같이 미리 준비해서 하는 일이 아닙니다. 대개는 갑자기 이루어지기 때문에 순서지를 만들 만한 여유가 없습니다. 물론 특별한 경우 한 두 차례 있을 수 있지만 매번 순서지를 사용하는 일은 흔치 않은 일이기에 나는 순서지를 매만지며 감탄한 적이 있습니다.

안 목사님은 이론가가 아니라 실천가입니다. 섬김의 훈련이 되어 있는 분입니다. 말보다 행동이 앞섭니다. 머리에서가 아니라 가슴에서 말이 나옵니다. 남의 말을 잘 들어줍니다. 그 분과 함께 있으면 마음이 편안합니다. 그 분은 고통 당하는 자들의 친구입니다.

요즘 '상처받은 치유자' 라는 말이 널리 사용되고 있습니다. 헨리 나우웬이 말하는 상처받은 치유자란 '자기 자신의 상처에 대해서 이야기하지 않고 고통 속에 있는 사람의 말을 들을 수 있는 사람' 을 말합니다. 나는 안 목사님이야말로 상처받은 치유자라는 생각을 합니다.

조지 모리슨은 「내 마음의 하이웨이」라는 책에서 이런 말을 했습니다.

"아무리 반복해도 익숙해지지 않는 일이 있다. 발생할 때마다 당황하게 되는 일이 있다. 오랜 세월 목회를 해 온 목회자도 임종하는 성도를 찾아가는 일에 익숙해지지는 못한다."

나는 그의 말을 깊이 공감합니다. 임종하는 분을 심방하는 일은 부담스럽고 힘이 듭니다. 누가 여기에서 예외일 수 있겠습니까? 그런데 안 목사님은 달랐습니다.

그 분은 목회자들과 대화하는 자리에서 "나는 평소 심방을 자주하지는 않지만 임종을 앞둔 분이 있으면 매일 찾아갑니다"라는 말을 했습니다. 나는 속으로 참 목자라는 생각을 했습니다.

그리고 언젠가 식사를 같이 하면서 "성도들을 천국으로 인도하는 일에 기쁨과 보람을 느낍니다"라는 말을 들었습니다. 처음 이 말을 들었을 때 나는 무척 당혹감을 느꼈습니다. 그러나 그 분을 알아가면서 그냥 하는 말이 아님을 알게 되었습니다.

안 목사님은 폐암 선고를 받고 죽음을 수용함으로써 마음으로 이미 죽음을 맛본 분입니다. 그래서인지 그 분에게는 초연한데가 있습니다. 나는 그 분을 가까이 대하면서 죽음에 대한 남다른 직감이 있다는 사실과 죽음의 영성이 정립되어 있음을 확인할 수 있었습니다.

나는 독특하고 소신 있게, 그리고 시대에 부응하는 목회를 하고 있는 안 목사님을 존경하는 마음으로 대하고 있습니다. 만날 때마다 그의 삶과 아름다운교회의 이야기를 들으면서 은혜를 받습니다.

때 마침 이렇게 그 분의 책이 나오게 되니 반갑기 그지없습니다. 이 책은 죽음을 주제로 한 안 목사의 삶과 목회를 중심

17

으로 하고 있습니다. 죽음을 말하고 있지만 결코 분위기가 음울하지 않고, 허무가 아니라 오히려 죽음을 통해 삶에 대한 강력한 메시지를 주고 있습니다.

이 책은 오늘날 일상사에 매달려 정신없이 살아가는 현대인들에게 참으로 무엇을 생각하며, 또한 무엇을 위해 살아야 할 것인지를 깨우치고 있다고 생각합니다.

왜 사람들이 하나님의 존재를 부인하고, 이 세상에서 영원히 살 것처럼 살아가며, 하나님 없이도 만족한 삶을 살 수 있다는 교만에 빠집니까? 죽음을 생각하지 않기 때문입니다. 하지만 죽음을 생각하는 사람은 이러한 망상과 교만을 버리고 창조주를 만날 준비를 하게 됩니다.

죽음은 영원한 세계를 바라보게 합니다. 영원 앞에서 이 세상의 삶은 허무할 수 밖에 없습니다. 따라서 죽음에 대한 인식은 우리들로 하여금 최고의 가치를 추구하게 합니다. 영성이 최고의 가치를 추구하는 그 무엇이라면 죽음은 영성의 근원이라고 할 수 있을 것입니다.

이 책은 제목 그대로 죽음이 아름다운 은총임을 보여주고 있습니다. 그러므로 죽음에 대한 두려움과 거부감을 가지고 있는 사람이라면 반드시 읽어보아야 할 책입니다. 특별히 생활에 어느 정도 여유가 있고 자기 삶의 기반이 든든하다고 여기는 분들에게 들려져 읽혀야 할 책입니다. 그래야 그 분들의 삶이 빛이 날 테니까요.

나는 호스피스 교육을 받은 사람으로서 이 책을 소중하게 생각합니다. 우리 주변에 많은 분들이 죽음을 직면하고 있고, 또한 죽음을 위로해야 하는 긴박한 처지에 있기 때문입니다. 죽음의 두려움을 희망으로, 상실을 소망으로 바꾸어 줄 이 책의 세계로 당신을 초대합니다.

한마음교회
염 두 철 목사

우리 인생은 나그네입니다.
나그네의 짐은 가벼워야 합니다.
우리 인간이 지고 있는 짐 가운데
'죽음' 이라는 짐은 가장 무거운 짐입니다.
그러나 죽음을 올바로 이해하고,
죽음을 준비하면 무거운 짐이 벗어지고
나그네의 발걸음은
한결 자유로워지는 것입니다.

제1장

죽음을
바라보며

중국 계림에서

하나님의 인도하심

허무하게 가버린 사람

고인들을 보내면서

죽음 앞에서

중국 계림에서

2001년 9월 25일, 지방회 교역자들과 중국 계림으로 여행을 떠났습니다. 미국에서 9·11 비행기 자살 테러 사건이 벌어진지 얼마 되지 않은 데다가 행여 보복 전쟁이라도(?) 하는 불안감이 없지 않았습니다.

그러나 막상 나서니 즐거웠습니다. 공항에서 숙소로 이동을 하면서 그동안 보지 못했던 색다른 경치들로 인해 눈이 휘둥그레졌습니다. 계림 지역의 산들은 산맥을 이루고 있는 우리 나라의 산들과 전혀 다른 모습이었습니다. 나의 고향 진안에 있는 마이산 처럼 평야 위에 봉우리가 하나씩 우뚝우뚝 솟아 있었습니다.

현지 가이드 말로는 그 수가 무려 10만 봉우리나 된다고 했습니다. 우리 나라 금강산은 1만 2천 봉인데…. 중국의 거대함에 감탄이 절로 나왔습니다.

우리 여행을 담당한 현지 가이드는 조선족 3세로 몸매가 날렵한 총각이었습니다. 제주도에 한 번 와본 적이 있다는 그는 조금도 어색함이 없는 우리말을 사용하면서 여행 일정을 설명했습니다.

그러나 우리는 가이드의 안내는 듣는 둥 마는 둥 하면서 차창 밖의 경치에 눈을 떼지 못했습니다. 가이드는 그 모습을 보면서 "계림에 오면 관광객은 눈이 피곤하고 가이드는 입이 피곤합니다"라는 말을 하고는 눈길이 없어도 아랑곳하지 않고 열심히 계림을 소개했습니다.

길을 가면서 여러 차례 '계림산수갑천하'(桂林山水甲天下)라는 문구를 볼 수 있었습니다. 나는 여행을 좋아해서 국내외 여러 곳을 다녀보았지만 계림 같은 곳은 처음 보았습니다. 계림의 산수가 천하 제일이라는 말이 결코 지나치지 않다고 생각되었습니다.

계림에 도착한 첫째 날은 시내 주변을 돌아보았는데 코끼리 형상을 한 상비산도 보고 칠성 공원에서 수석도 구경하였습니다. 둘째 날 도로 주변에 하나 하나씩 솟아 있는 수 많은 산들을 눈에 새기듯 바라보면서 몇 시간을 달려 관암(冠岩)동굴을 구경하고는 이태백이 시를 읊었다는 이강(離江)에서 배를 탔습니다. 그동안 동양화에서 볼 수 있었던 풍경이 바로 이곳을 그린 것이었습니다.

갑자기 가이드가 나를 불렀습니다. 가이드는 여행사로 한국에서 어머니가 돌아가셨다는 소식이 와 있다고 전해 주었습니다. 순간 꿈에서 깨어난 듯 했습니다. 잠시 후 돌아와 보니 모두들 경치 구경과 사진 찍기에 여념이 없었습니다.

와 있는 곳이 전화를 할 수 없는 시골이라서 여행이 끝나고 시내로 돌아갈 시간만 기다려야 했습니다. 이후부터는 그 아름다운 경치가 눈에 들어오지 않았습니다. 여행 분위기를 망칠까봐 몇 사람에게만 조용히 알리고 돌아갈 준비를 했습니다. 선상에서 점심을 먹고, 계림 시내로 되돌아왔습니다.

일행들이 기념품 판매점에 들러 쇼핑을 하는 동안에 집으로 전화 연락을 할 수 있었습니다. 상황을 듣고 장례식을 집례할 목사님을 소개한 후 모든 일을 알아서 처리하도록 맡겼습니다.

1박 2일 만에 여행이 중단되고 말았습니다. 한국으로 돌아가기 위해 혼자 계림에 남았습니다. 단체 비자를 가지고 들어왔기 때문에 혼자 나가는 일이 쉽지 않았습니다. 출국 수속을 밟기 위해 마음이 급한데 중국 사람들은 그야말로 만만디였습니다. 호텔에서의 하룻밤은 지나온 삶을 되돌아보는 좋은 기회였습니다.

준비된 죽음

중국에 가기 얼마 전부터 어머니가 돌아가실 것 같은 예감이 들었습니다. 여행에 빠지고도 싶었지만 지방회 임원으로서 그럴 수도 없었습니다. 마침 미국 테러 사건이 터져 어수선 하자 여행을 미루자는 의견이 나왔습니다. 그러나 여행사 사정으로 인해 처음 계획한대로 추진되었습니다.

여행을 떠나기 전 나는 다시 한번 어머니의 장례를 위한 모든 내용을 점검하면서, 언제 임종하시더라도 가족들이 당황하지 않도록 모든 준비를 마쳤습니다. 어머니는 화장을 하든, 시신 기증을 하든 알아서 하라고 하셨습니다.

나는 어머니에게 "장례식 때 어떤 찬송을 불러 드릴까요?"라고 물어본 적이 있습니다. 어머니가 좋아하시는 찬송가는 543장 '저 높은 곳을 향하여' 였습니다. 우리 교회 권사이셨던 어머니의 신앙을 엿볼 수 있는 찬송이기도 합니다.

나는 만약의 경우를 대비하여 아내에게 여행사 연락처를 일러주었습니다. 하지만 아내는 전혀 걱정을 하지 않았습니다.

"이렇게 식사를 잘 드시는데 무슨 일이 있겠어요?"

"예감이 있어서 그래요."

"아무 걱정 마시고 잘 다녀오세요."

어머니는 하루 다섯 끼를 꼬박 꼬박 드셨을 만큼 좋은 상태였습니다. 그런데 내가 떠난 다음날 아침 갑자기 돌아가셨습니다.

나는 어머니 뿐 아니라 이런 경우를 수 차례 경험했습니다. 뭐라고 말할 수는 없지만 임종을 앞둔 사람들을 보면 언제쯤 하나님의 부름을 받을지 느껴지는 것이 있습니다. 많은 장례 경험을 통해 얻은 직감이라고 말할 수 있을 것입니다.

어머니를 위한 나의 기도는 다른 사람의 손을 빌리기 전에 하나님의 부르심을 받는 것이었습니다. 어머니는 다른 사람에게 별 불편도 주지 않고 평안히 돌아가셨습니다.

어머니는 돌아가시던 날 새벽, 머리가 아프다고 하시며 일어나서 화장실을 가려고 하시다가 어지럼증으로 요강을 사용하셨습니다. 몸에 마비가 일어나자 아내가 침을 놓고 주물러 드렸는데 어머니는 그러다가 잠이 드셨습니다.

어머니는 오전 10시 30분에 돌아가셨습니다. 마침 어머니는 주일에 목욕을 하셨고, 아내는 집안 대청소와 음식 준비를 해놓았습니다. 결과적으로 이 일들은 어머니 장례를 위한 준비였습니다.

나는 연초에 형제들이 모였을 때 어머니의 장례 문제를 의논하였습니다.

"어머니가 금년을 못 넘기실 것 같은데 어떤 식으로 장례를 할 것인지 미리 생각해 봐라."

그리고 자주 찾아 뵈라고 당부를 했습니다.

나는 어머니가 돌아가시면 시신 기증을 하려는 생각을 갖고 있었습니다. 추석 명절에 가족들이 모이면 그 생각을 이야기하려고 했는데 어머니는 추석을 넘기지 못하셨습니다.

장남인 내 의견에 가장 반대할 사람은 전주에서 교편 생활을 하고 있는 막내 동생이었습니다. 그 동생은 풍수지리에 큰 관심을 가지고 땅을 보러 다니곤 했습니다. 그렇기 때문에 설득이 필요하다는 생각을 했습니다.

만약 어머니가 임종하실 때 내가 그 자리에 있었다면 나는 장남으로서 사전에 의논이 없었더라도 계획대로 장례를 진행했을 것입니다. 물론 동생들은 따라 주었겠지만 형제간의 우애는 손상되었을 것입니다.

어머니의 임종을 지켜보지 못해 못내 가슴이 아팠습니다. 그러나 한편으로는 형제들과의 관계를 생각하면서 내가 없는 중에 돌아가신 것이 오히려 다행이었다 라고 스스로 위로를 했습니다.

고향 가셔야지요

나는 노인들에게 거침없이 말합니다. "섭섭하게 생각하시지 마세요. 갈 때가 되면 가셔야지요." 나는 예외 없이 어머니에게도 그런 말씀을 드렸습니다. "언젠가 우리는 가야하는데, 우리가 가야 할 곳은 이곳보다 더 좋은 곳입니다."

어머니가 돌아가시기 전 어머니가 얼마 만큼이나 천국에 대한 소망을 가지고 계신지 확인하고 싶었습니다. 그래서 여쭈어 보았습니다.

"어머니, 고향 가셔야지요?"

"그래, 천국에 가야지."

어머니의 대답은 분명했습니다. 어머니는 고향을 천국으로 생각하고 계셨습니다. 천국에는 주님이 계시고 먼저 간 성도들이 우리를 기다리고 있습니다.

나는 설교를 통해서 수시로 교인들에게 죽음을 준비하며 살라고 말합니다. 우리 교회에 나이 드신 분들이 많이 계시지만 죽음에 대한 이야기를 피하지 않습니다. 교인들에게 죽음을 직면하도록 하고 본향을 사모하는 삶을 살라고 말합니다. 우리가 부활을 믿고 정말 천국이 있음을 믿는다면 천국을 소망해야 하기 때문입니다.

어머니는 목사인 나를 도우신 셈입니다. 만약 어머니가 주변 사람들의 손을 빌려 가며 고생하시다가 돌아가신다면 본인 뿐 아니라 모두가 괴롭고 힘든 일이 아닐 수 없습니다.

또한 죽음에 대해 거침없이 말하는 목사의 어머니가 돌아가실 때 본이 되지 않으면 할 말을 잃어버리게 될 것입니다. 그런데 감사하게도 어머니는 평소 죽음을 준비하셨고 평안히 영원한 고향으로 돌아가셨습니다.

어머니의 장례식

아무리 준비된 죽음일지라도 어찌 혈육의 정이 없었겠습니까? 슬픔이 있지만 하나님께서는 헤어지는 슬픔보다 더 큰 위로를 해 주셨습니다. 그래서 나는 어머니와 다시 만날 것을 소망하며 기쁜 마음으로 어머니와 이별할 수 있었습니다.

교인들에게 어머니가 천국의 확신을 가지고 평안하게 돌아가신 것을 알리고 장례예배 때 어두운 옷들을 입지 말고 가장 예쁜 옷을 입고 오도록 했습니다. 검정 복장을 한 사람도 있었지만 대체로 평소에 입던 옷들을 입고 장례에 참석했습니다. 날씨도 좋았고, 온 교인들이 밝은 분위기 속에서 예배를 드렸습니다.

기독교 장례에는 네 가지 원칙이 적용되어야 합니다.

첫째는 간결해야 합니다.

둘째는 검소해야 합니다.

셋째는 부활의 의미가 담겨야 합니다.

넷째는 참여자에게 위로가 되어야 합니다.

어머니의 장례식도 이 원칙에 따라 진행되었습니다.

어머니의 시신은 전북 진안 고향 땅에 모셨습니다. 먼길이 었음에도 불구하고 50여 명이 하관예배에 참석했습니다. 어머니는 죽음을 준비함으로써 하나님의 인도하심을 보여 주셨고 하나님의 영광을 드러냈습니다. 어머니를 생각할 때면 동시에 천국을 생각합니다. 천국이 한결 가깝게 느껴집니다.

하나님의 인도하심

불란서의 루이 15세는 신하들이 자기 앞에서 죽음이라는 말을 떠올리기만 하면 무조건 그들을 감옥에 보냈다고 합니다. 그는 그만큼 죽음을 두려워하고 있었던 것입니다.

사람들은 죽음을 싫어합니다. 죽을 '사(死)' 자를 싫어 할 뿐 아니라 병원에는 4층이나 4호실을 일부러 없애버립니다. 엘리베이터에도 4층은 종종 F로 표시됩니다. 죽음은 즐거운 식탁에서의 이야기꺼리가 아니며, 아무리 아름답게 꾸며놓은 공원묘지라 해도 유쾌한 소풍 장소가 되지 못합니다.

나는 죽음 이야기를 할 때 사람들이 놀라거나 당황해 하는 모습들을 보면서 사람들이 얼마나 죽음을 두려워하고 있는지 실감합니다. 장례식을 인도하다보면 더욱 실감할 수 있습니다.

사람들은 시신을 두려워합니다. 심지어 가까이 지내던 사람이라 할지라도 죽고 나면 그 시신은 보려고 하지 않습니다. 나 역시 똑같은 사람입니다. 나도 죽음을 두려워했습니다.

그러나 언제부터인가 대화 중에 거리낌없이 죽음을 말하고, 설교 때에도 교인들에게 죽음이 우리 삶의 현실임을 강조하는 사람이 되었습니다. 그리고 교인들을 떠나보내는 것을 사명으로 알고 기쁘게 집례하고 있습니다. 이렇게 되기까지에는 나름대로의 배경이 있습니다.

환상

바울은 돌에 맞아 죽었다가 살아난 적이 있었고, 셋째 하늘에 다녀온 적도 있었습니다. 그가 언제 셋째 하늘에 다녀왔었는지는 정확히 알 수 없습니다. 바울은 그 일을 감추고 지내다가 고린도 교회에 편지하면서 비로소 밝혔습니다.

그는 그 이야기를 잠깐 하면서 무익하지만 부득불 자랑한다고 했습니다. 또한 자신을 드러내지 않고 "내가 그리스도 안에 있는 한 사람을 아노니" 라고 했습니다. 바울이 겸손하기도 했지만 자칫 신앙의 본질에서 벗어날 수 있는 위험이 있었습니다. 왜냐하면 고린도 교회는 은사에 대한 이해 부족으로 어려움을 겪는 교회였기 때문이었습니다.

우리 나라 경우도 고린도 교회와 비슷한 점이 많은데 은사를 받고 입신을 통해 영계를 드나들었다는 사람들이 잘못된 길로 간 예가 허다합니다. 한 때 「내가 본 천국」을 쓴 퍼시 콜레를 말하지 않는 사람이 없을 정도였습니다. 그러나 시한부 종말론자들과 함께 그의 명성도 사라져 버렸습니다.

사람들의 영적 체험은 다분히 주관적이고 개인적입니다. 신비가로서 세계적으로 널리 알려진 스웨덴 붉이나 썬다싱과 같은 사람들의 이야기도 함부로 하기에 조심스러운데 보잘껏 없는 나의 영적 체험이야 오죽하겠습니까?

나는 영적인 체험을 대단하게 생각하는 사람이 아닙니다. 오히려 환상 이야기를 하는 것이 조심스럽습니다. 오해의 소지도 있거니와 사실 내놓고 이야기할만한 꺼리도 되지 못합니다. 그러나 이제 죽음 이야기를 위해 부득불 조금만 말하려고 합니다.

나는 청년 시절 인천에서 직장 생활을 하면서 나름대로 열심히 신앙 생활을 하고 있었습니다. 어느 날 교회 전도사님이 '귀신 들린 사람 심방 가는데 같이 가자'고 했습니다. 덜컥 겁이 났습니다. '믿음이 없는 사람이 귀신 들린 사람에게 가면 그 귀신이 옮긴다'는 말을 들은 적이 있었기 때문이었습니다. 차마 그런 말은 하지 못하고 적당히 둘러대고 그 자리를 모면했습니다.

이후 나는 영적 세계에 대한 강한 호기심을 갖게 되었습니다. 어떤 사람은 귀신을 내어쫓는데 나는 두려워 떨고 있으니 부끄럽기도 했고, 은근히 영적인 능력을 체험하고 싶은 소원이 생겼습니다.

나는 40일을 작정하고 조석으로 기도하던 중 26일째 되던 날 환상을 보게 되었습니다. 붉은 해 같은 것이 나에게로 다가와 내 입으로 들어왔습니다. 그러자 알 수 없는 말이 입에서 흘러 나왔습니다. 나는 그렇게 방언의 은사를 받았습니다.

그리고 천국과 지옥의 환상도 보게 되었습니다. 한 주간동안 기도 때마다 환상을 볼 수 있었습니다. 지옥의 환상에서는 몇 개월 전 자살해서 죽은 친구의 모습을 보기도 했습니다. 어느 날은 환상 중에 '하나님은 사랑이시라' 는 글씨가 게시판에 또렷하게 나타난 것을 보았습니다. 나는 그 때까지 그 말씀이 성경에 있는 줄을 몰랐습니다.

그 동안 나는 하나님을 심판하시는 하나님으로만 알고 있었고, 율법적이고 의식적인 신앙 생활을 하고 있었습니다. 그런데 환상을 본 이후 하나님의 성품에 대한 이해와 하나님을 바라보는 관점이 달라져 성경을 읽는 것이 너무도 재미있었습니다. 성경을 읽다가 수없이 눈물을 흘렸습니다. 하루라도 성경을 읽지 않으면 견딜 수 없었습니다.

하나님의 은혜에 푹 젖어 지내면서 고향에 계신 부모님을 생각했습니다. 예수를 믿지 않고 계신 부모님을 생각하면 안타까운 마음에 견딜 수 없었습니다. 하나님의 은혜가 중만할 때는 결혼을 해야겠다는 생각조차 없었습니다.

그러나 장남인 나는 회갑을 맞이하는 아버지와 고생하신 어머니께 효도하기 위해서 결혼을 해야 했고, 부모님을 구원하기 위해서는 말로만 아니라 함께 살면서 전도해야 한다는 생각을 했습니다. 그러던중 하나님께서 아내를 보내주셔서 1980년 결혼을 하고 이후 곧바로 인천의 직장을 그만두고 전주로 내려갔습니다.

서원 기도

아버지는 오랜 세월 유림에 계셔서 쉽게 예수를 믿을 것 같지 않았습니다. 성경은 "주 예수를 믿으라 그리하면 너와 네 집이 구원을 얻으리라"고 약속하고 있습니다. 그러므로 나는 언젠가 아버지가 돌아올 것을 믿고 계속 기도했습니다. 1982년에 들어서면서 아버지의 구원을 위해 작정을 하고 금식 기도를 시작했습니다.

그러던 어느 날 아버지는 보건소에서 실시한 무료 진료를 받던 과정에서 몸에 이상이 있음을 알게 되었습니다. 전주에 있는 유명한 내과를 가보니 위암이 심각한 상태라고 했습니다. 다시 전주의 예수병원에 가서 검사를 했습니다. 거기서도 손을 쓸 수 없는 심각한 상태라는 진단이 나왔습니다. 서울 국립의료원에서도 검사해 보았지만 결과는 역시 마찬가지였습니다. 수술해도 가능성이 없는 상태였습니다.

아버지는 평소에 술을 과하게 즐기셨습니다. 그로 인해 위암이 말기 상태에 이르기까지 발견하지 못했던 것입니다. 아버지의 병세는 하루가 다르게 악화되었습니다. 물 한 모금만 마셔도 토하곤 했습니다. 통증이 시작되면 고통을 참지 못해 방바닥을 기어다니셨습니다. 하루에 여섯 번 진통제를 드셨는데, 그 당시 진통제 일회 분 값이 1만 2천 원이었습니다.

나는 의사들이 고칠 수 없는 병이라면, 이 병을 통해 아버지를 구원으로 인도하는 기회로 삼아야 한다는 생각을 했습니다. 나는 아버지가 예수 믿고 천국 갈 수 있도록 간절히 기도했습니다. 아버지가 통증을 호소할 때마다 기도를 해 드렸습니다. 그러면 스르르 잠이 드셨습니다. 이런 일을 몇 차례 경험하자 아버지는 내가 있으면 안심하고, 없으면 불안해 하셨습니다.

어느 날, 나는 아버지에게 예수를 믿으시라고 권했습니다.

"아버지, 이제는 예수 믿고 천국 가셔야지요."

그렇게 완고하던 아버지였지만 죽음 앞에서 마음이 약해져 있었습니다. 뭔가 의지하고 싶은 심정이셨던지 내가 다니던 교회로 따라 나섰습니다. 아버지는 첫 예배를 드리면서 예수 그리스도를 구주로 영접했습니다.

하루는 아버지가 나에게 1백만 원을 마련해 달라고 하셨습니다. 나는 아파서 누워 계신 분이 그 큰 돈이 왜 필요하신 지 궁금해서 물었습니다.

"아버지, 갑자기 어디에 쓰시게요."

그랬더니 아버지는 뜻밖의 대답을 하셨습니다.

"하나님께 헌금을 드리려고 그런다."

그 당시 1천 2백만 원이면 양옥집 한 채를 살 수 있었습니다. 1백만 원이 결코 적은 돈이 아니었습니다. 더구나 그 때 아버지는 사업으로 빚까지 지고 있는 형편이었습니다. 그러나 나는 아버지가 하나님께 드릴 수 있는 믿음을 갖게 된 것이 한없이 기뻤습니다.

사람들은 문병 올 때마다 처방 한 가지씩을 일러주었습니다. 소용이 없다는 생각을 했지만 아버지가 섭섭해하시지 않도록 하기 위해서, 그리고 세상 사람들에게 비방거리가 되지 않기 위해 원하는 대로 해 드렸습니다. 심지어 다슬기가 좋다고 해서 겨울에 얼음을 깨고 다슬기를 잡기도 했습니다.

이후 아버지의 몸은 혈관이 굳어져서 피 주사도 놓을 수 없는 지경이 되어 버렸습니다. 황달이 흑달로 변하며 병세가 악화되었던 것입니다. 아버지의 생신 때 친척들이 많이 모였습니다. 나는 모인 가족 친척들에게 기도를 요청했습니다.

"믿든지 안 믿든지 아버지를 생각하신다면 기도해 주세요."

나는 가족과 친척들에게 기도원에 같이 올라가 아버지를 위해 기도하자고 했습니다. 모두 따라 나섰습니다. 상황이 급박하였기 때문에 누구도 내가 하는 일에 이의를 제기하지 않았습니다.

나는 25인승 버스를 빌렸습니다. 교회의 기도꾼들과 함께 오산리 최자실기념 금식기도원으로 올라갔습니다. 나는 기도원 아래에 있는 민가에 숙소를 정하고 3일 작정 금식 기도를 하면서 아버지의 병을 고쳐 달라고 하나님께 부르짖었습니다. 그 때 나는 다급한 나머지 서원 기도를 했습니다.

"하나님, 아버지의 병을 고쳐주십시오. 그래서 온 가족들이 예수를 믿게 해주십시오. 제 기도를 들어 주시면 제가 주의 종이 되겠습니다."

삼일 째 되던 날, 아버지에게 치유의 징조가 나타났습니다.
요와 베게가 온통 다 젖어 있었습니다.

"아버지, 어찌 된 일이예요?"

"글세, 간 밤에 뜨거운 것이 몸을 감싸 안았어!"

순간 나는 아버지가 불 성령을 받은 것이라는 생각이 들었
습니다. 나는 치료를 확신할 수 있었습니다. 아이들을 데리고
집에 남아 있던 아내도 그날 밤 꿈을 꾸었는데 아버지의 배가
뜨거워서 손을 댈 수가 없었다고 했습니다.

뭔가 드시고 싶어하시는 아버지를 모시고 가서 죽을 사 드
렸는데 물만 마셔도 토하시던 아버지께서 그 이후로는 죽은
물론이고 무엇이든지 잡수실 수 있었습니다.

예수꾼

이 일로 인해 온 가족이 예수를 영접하게 되었습니다. 아버
지는 기쁜 마음에 사랑방을 다니시면서 열심히 예수 그리스
도를 증거하는 예수꾼이 되었고 일곱 명을 주께로 인도했습
니다.

아버지가 하나님의 은혜로 암이 치료됐다고 간증하며 전도
하고 다니자 어느 한의사가 오진이었다는 말을 했습니다. 그
말이 잠시 아버지를 혼란케 하는 듯 했습니다. 나는 한의사의
말로 인해 아버지가 시험에 들까 염려했습니다. 그러나 아버

지는 단호했습니다.

"누가 뭐래도 난 예수를 믿는다!"

그 후 아버지는 6개월을 더 사시다가 주일 예배를 잘 드린 후 10분만에 나의 무릎을 베고 가족들이 둘러앉아 찬송을 부르는 가운데 하나님의 부르심을 받았습니다.

"주안에 있는 나에게 딴 근심 있으랴……."

나는 이 찬송을 부르면 아버지의 모습이 생각납니다. 천국 가실 때 마지막으로 이 찬송을 들으시며 가셨습니다.

장례를 마치고 돌아오는 나의 마음은 슬펐습니다. 그러나 천국에 가신 아버지가 우리를 영접하기 위해 기다리고 있을 것을 생각하면서 눈물을 씻고 미소 지을 수 있었습니다.

전인치유 목회를 꿈꾸며

내가 다닌 전주 신흥고등학교는 미션 스쿨이었습니다. 봉사 활동으로 교목실을 자주 드나들었는데 교목 선생님들은 종종 나에게 "너는 주의 종이 되어야 한다"는 말을 하곤 했습니다. 그 때 나는 목사가 되고 싶은 마음이 전혀 없었습니다. 그저 평신도로서 교회를 섬기기 원했습니다. 그러나 아버지를 위해 드린 서원 기도가 나의 생애를 바꾸어 놓았습니다.

나는 아버지가 당한 질병의 고통과 죽음을 통해서 처음으로 죽음을 현실로 인식하게 되었고, 그로 인해 주의 종의 길

이야말로 덧없는 인생을 가장 가치 있게 보낼 수 있는 길이라고 생각했습니다.

선교신학교와 호남복음신학교를 거쳐 1986년 2월 순복음신학교를 졸업한 나는 이후 서대문교회에서 부목사로 시무하면서 총회신학대학원과 미국 인터내셔널 신학대학원의 목회학 석사, 박사 과정을 마쳤습니다.

병원에서는 육체적 치료만 하고 교회에서는 영적인 치유만 합니다. 그러나 나의 관심은 전인 치유에 있었습니다. 그래서 '성서적 관점에서 본 우울증 치료의 효과적 연구' 라는 제목으로 목회학 박사 논문을 쓰기도 했습니다.

이후 연세대학교 연합신학대학원에서의 상담학 과정도 전인치유에 대한 안목을 넓혀 주었고 이러한 준비는 치유 사역을 위한 밑거름이 되었습니다.

하필이면 전도서를

부목사 6년째 되던 해, 하나님께서 교회 개척에 내한 꿈을 주셨습니다. 나는 교회 없는 마을에서 전인치유 목회를 꿈꾸며 장소를 물색하다가 일산 풍동을 찾아냈습니다. 450년 된 집성촌인 풍동은 당시에는 풍리였고, 신도시 일산 옆에 위치해 있으면서도 상여가 나갈 정도로 미신과 우상숭배가 심한 지역이었습니다.

나는 고향 땅을 팔아 교회 부지를 마련했고, 교회를 지을 때까지 사택에서 예배를 드리기로 했습니다.

1990년 11월 10일 매서운 바람을 맞으며 창립예배를 드렸습니다. 그 다음날, 첫 주일을 맞았습니다. 그 때 나는 전도서 1장 1~11절까지를 본문으로 해서 설교를 했습니다. 이후 줄곧 6월 첫 주일까지 26회에 걸쳐 전도서 강해 설교를 했습니다.

교회를 개척하고서 왜 하필이면 전도서를 강해했었을까? 돌아보면 그만큼 나에게는 죽음과 삶의 허무에 대한 생각이 깊었던 것 같습니다. 그랬기 때문에 강하게 하나님 나라를 위한 충성과 헌신을 강조할 수 있었습니다.

예수님께서는 마지막 때가 되면 먹고 마시고, 시집가고 장가가고, 사고 팔고, 심고 집을 짓던 노아의 때, 롯의 때와 같을 것이라고 하셨습니다. 이것은 물질주의, 향락주의, 현세주의를 가리키는 것입니다. 이 세 가지는 말세의 풍조입니다. 오늘날 이 시대가 바로 그러한 때가 아닙니까? 그러므로 오늘날의 교인들은 더욱 전도서를 읽고 묵상하는 시간을 가져야 한다고 생각합니다.

이스라엘의 솔로몬 왕은 세 권의 성경을 썼습니다. 청년 때에 아가서를, 중년 때에 잠언을 썼으며, 인간의 부귀영화를 다 누려 본 노년 때에 마지막으로 전도서를 썼습니다.

전도서는 지혜의 왕 솔로몬이 하나님이 없는 인생은 헛되고 무익하다는 것과 하나님만이 인생에게 참된 가치와 영원한 생명을 주시는 분이라는 점을 밝힘으로써, 인간으로 하여

금 하나님을 경외하도록 하는 목적으로 기록하였습니다.

"헛되고 헛되며 헛되고 헛되니 모든 것이 헛되도다"라는 말로 시작되는 전도서는 '헛되다'는 말을 무려 39회 사용하면서 인간의 지혜와 부와 재물, 수고와 노력과 명예, 장수와 성공 모두가 헛되다고 함으로써 일견 허무주의를 주장하는 것처럼 보입니다.

특히 죽음에 대하여 지혜자나 우매자나 인간은 결국 죽어야 하며, 죽은 다음에 그의 이름이 영원토록 기억됨이 없다고 말하고 있습니다. 그리고 모든 생명체에게 동일하게 찾아오는 죽음을 생각할 때 인생이 짐승보다 더 낫다고 말 할 것이 없다고 했습니다.

인생의 허무에 대한 솔로몬의 사상은 산 자보다 죽은 자를 복되다고 하며 이 둘보다도 오히려 출생하지 아니하여 해 아래서의 악을 보지 못한 자를 더욱 복되다고 하는 그의 고백에서 절정을 이루고 있습니다.

그렇다고 해서 솔로몬은 허무주의자가 아닙니다. 그가 말하는 허무는 쇼펜하우어 같은 허무주의 철학자들이 말하는 허무와는 차원이 다릅니다. 전도서에 나오는 허무주의는 하나님이 없는 인생의 허무를 말하는 것입니다. 전도서를 끝까지 다 읽기 전에는 어떤 결정도 내리지 말아야 합니다. 전도서의 마지막은 이렇게 끝이 납니다.

"하나님을 경외하고 그 명령을 지킬지어다 이것이 사람의 본분이니라"

보람있게 사는 길

서점에 나가면 이 세상에서의 성공 처세술에 관한 책들이 넘쳐나고 있습니다. 그러나 저 세상의 삶을 준비케 하는 책들은 흔치 않습니다. 더구나 요즘은 책 읽는 사람도 별로 없어 서점들이 계속 문을 닫고 있다고 하는데 죽음을 주제로 하고 있는 이 책이 과연 얼마나 읽힐 것인지를 생각하게 됩니다.

얼마 전 사랑의전화 복지재단에서 발행하는 월간지 「BI 세상 사람들」에서 '여보 미안해요! 얘들아, 사랑한다!'라는 제목의 글을 읽어보았습니다. 이름도 생소한 '루게릭 병'이라는 의사의 진단을 받고 마치 가시고기처럼 시한부 인생을 살아가고 있는 어느 가장의 이야기였습니다.

아인슈타인 이후 최고의 천체물리학자로 불리는 영국의 스티븐 호킹 박사가 루게릭 병을 앓았습니다. 이 병은 퇴행성 운동 신경질환으로 서서히 신경세포가 죽어가면서 손, 다리의 근육이 소멸돼 사지를 쓰지 못하고 결국 언어 장애와 호흡 장애로 이어지는 병입니다. 진단 후 대개 5~6년이면 사망하게 됩니다.

경제력을 잃어버린 그의 마지막 소원은 초등학교 4학년인 아들과 2학년인 딸에게 중고 컴퓨터를 구해주는 것이었습니다. 그리고 해결하지 못한 빚 때문에 하루하루를 먹고사는 것이 고달픈, 그래도 살아보겠다고 아르바이트하는 아내와 아이들과 함께 1박 2일이라도 여행을 다녀오는 것이었습니다.
가슴이 아팠습니다.

인터넷에 다섯 살 짜리 아이를 둔 한 주부의 '말기암 환자
의 살아가는 이야기'가 49회 연재되어 다른 암환자나 실의에
빠진 사람들에게 감동과 용기를 준 적이 있습니다. 20호에 이
런 글이 실렸습니다.

아이의 몸 구석구석을 만져보고 쓰다듬고 안아보았습니다.
내 아이만의 살 냄새, 왜 그리도 좋던지 눈물이 날 뻔했습니
다. 아이는 유치원에 가고 올 때 엄마를 찾으며 소리칩니다.
이럴 때 내가 없어 대답할 수 없으면 어떡하나 싶어 마음이 아
픕니다. 가끔씩 가족들의 살 냄새를 맡아보세요.

죽음을 앞두고 써내려 간 글들은 그것이 어떤 글이건 읽는
사람을 숙연케 합니다. 지금 내가 살아 있음을 고맙게 여기며
다시 한번 생의 옷깃을 여미게 합니다.

건강하게 살고 있음을 하나님께 감사하지 않을 수 없습니
다. 진정한 감사의 표현은 보람있게 사는 것입니다. 우리 주
변에는 정말 어렵고 힘들게 살아가는 사람들, 우리의 도움의
손길을 기다리는 사람들이 수없이 많습니다.

바쁘더라도 홀로 있는 조용한 시간을 만들어 인생이 덧없
음을 묵상해 보십시오. 아무리 채워도 끝도 없는 욕심을 채우
려는 헛된 생각을 버리고 이제는 가치 있고 보람있는 삶을 추
구해야 하지 않겠습니까?

허무하게 가버린 사람

1993년의 일입니다. 세파에 밀리고 밀려 풍동에 들어온 하○○라는 사람이 있었습니다. 심한 알코올 중독자에 의처증 환자였던 그는 허름한 비닐 하우스에서 생활하며 목공 기술 하나로 가구점 하청을 맡아 겨우 살아가고 있었습니다.

아내가 가출한 후 평안할 날이 없었지만 하나님의 은혜 가운데 있을 때에는 그래도 삶에 희망이라는 것이 보였습니다.

어느 날 그의 집 앞을 지나다가 문득 불길한 생각이 스쳐 노크를 했습니다.

"하 선생님! 계십니까?"

"아무도 안 계세요?"

"……"

문을 열고 어둠 컴컴한 실내를 살피다가 문득 석가래에 뭔가 흔들거리는 형체를 발견한 순간 자살이라는 생각이 들었습니다. 동시에 나는 허겁지겁 몸을 매단 끈을 풀고 인공호흡을 했습니다. 아찔한 위기를 넘겼습니다.

그는 다시 돌아온 아내와 하루가 멀다하고 칼부림을 하며 부부 싸움을 했고, 아내는 교회로 피신하고 그는 술로 날을 새우곤 했습니다. 또 다시 아내가 집을 나가 버렸고, 그는 세 아이를 데리고 생활했습니다.

언제 자살을 시도할지 알 수 없는 일이었습니다. 한번은 집에서 자살을 시도했으나 불발로 끝났습니다. 나는 불안한 마음으로 교회를 오갈 때마다 그의 집을 들러서 삶에 용기를 주려고 노력했습니다. 그러나 나는 어디서부터 손을 대서 치유를 해야 할지 모를 정도로 만신창이가 되어 있었습니다.

우리 교회는 나지막한 산으로 둘러 싸여 있고 소나무 숲이 우거져 있습니다. 하루는 그 우거진 소나무 숲 사이로 뭔가 흔들거리는 것이 있어 자세히 보니 사람이었습니다. 그는 삶을 비관하여 결국 그렇게 갔습니다. 그의 영혼이 불쌍했습니다.

한 여름 인적도 없는 대낮에 저희 교회 김혁수 집사의 도자기 작업장에서 작업하던 학생들과 안완석 집사가 그의 시신을 내렸습니다. 이후 나는 안 집사와 함께 상례 절차를 마치고 시립 공동묘지로 그의 시신을 옮겨 뙤약볕 아래서 그를 묻어 주었습니다.

죽으면 끝인가

사람들은 지치고 힘이 들면 이 세상에서 그만 살고 싶다는 말을 합니다. 많은 사람들이 마치 죽으면 모든 것이 무로 돌아갈 것처럼, 또는 나와 상관이 없는 것처럼 오해하며 살고 있습니다. 안타까운 일이 아닐 수 없습니다.

리챠드 범브란트 목사는 공산주의 국가인 루마니아에서 신앙 때문에 14년 간 옥고를 치룬 분입니다. 그가 감옥에 있던 어느 날 이야기입니다. 저녁 시간에 죽음 뒤의 삶에 대한 토론이 벌어졌습니다. 한 사람이 둥근 나무 의자를 끌고 와서 이렇게 말했습니다.

"나는 내가 볼 수 있고, 맛볼 수 있고, 만질 수 있는 것만을 믿습니다. 우리는 내가 깔고 앉아 있는 이 나무토막처럼 모두 물질에 불과합니다. 그리고 죽으면 그것으로 끝나는 것입니다."

그러자 범브란트 목사는 그에게로 가서 그가 앉았던 의자를 발로 차서 넘어뜨렸습니다. 의자가 마루바닥에 쭉 미끄러지면서 그 사람은 뒤로 벌렁 나가 떨어졌습니다. 그는 화가 나서 범브란트 목사에게 덤벼들려 했으나 다른 사람들이 그를 말렸습니다.

"왜 이러는거요?"

그가 볼멘 소리로 물었습니다.

범브란트 목사는 부드러운 소리로 대답했습니다.

"당신이 금방 당신도 의자처럼 물질에 불과하다고 말했지요? 그런데 의자가 불평하는 소리는 들리지 않네요."

여기저기서 웃음소리가 났습니다.

범브란트 목사는 사과하면서 자신이 왜 그런 일을 했는지 일러주었습니다.

"미안하네. 나는 물질이 사랑이나 미움 따위의 감정의 반응을 보이지 않는 것으로 보아, 우리와는 다르다는 것을 증명하고 싶었을 뿐이네."

범브란트 목사의 재치와 유머 속에 진리가 담겨 있습니다.

그날 의자 소동으로 사람들이 범브란트의 말에 귀를 기울였습니다. 그는 이런 설교를 했습니다.

만약 하나님께서 우리를 단지 이 한 세상만 살라고 지으셨다면, 조년에는 어른스러운 지혜를 주시고 말년에는 젊은이 같이 힘과 정력을 주셨을 것입니다. 단지 무덤에 가지고 가려고 지혜와 이해심을 기른다는 것은 어리석은 것 같이 생각이 됩니다.

루터는 지상에서의 우리의 삶을 태아의 삶에 비교하고 있습니다. 만약 어머니 뱃속에 들어있는 태아가 생각할 수 있다면 왜 자기에게 손과 발이 생겨나는지 이상하게 생각할 것이며 반드시 자기가 놀고 달리고 일할 수 있는 다른 세상이 올 것이 틀림없다는 결론에 도달할 것입니다. 태아가 미래의 세계를 위해서 준비하듯이, 우리도 준비하고 있는 것입니다.

유물론 사상을 기초로 한 공산주의는 인간을 물질로 이해합니다. 그야말로 죽으면 끝이라고 생각합니다. 물론 영원이 없다면 죽음은 훌륭한 도피처가 될 것입니다. 또한 '종교는 아편' 이라고 했던 무신론자의 말이 맞을 것입니다.

그러나 우리 인간은 물질이 아닙니다. 이 보다 더 큰 착각은 없는 것입니다. 영혼이 없다고 생각하며 사는 인생, 먹기 위해서 일하고 일하기 위해서 먹다가 늙어 가는 인생이라면 '차라리 나지 않았으면…' 이 합당하지 않겠습니까?

우리 인간은 영혼이 있기에 만물의 영장이요, 만물을 다스리고 지배하며, 하나님의 자녀로 삽니다. 비록 몸은 땅 위에 살아도 인간은 내일을 보고 살며, 그리고 영원을 사모하며 삽니다. 우리 인생은 미래의 세계를 위해 준비하는 것이며 죽음은 그 시작입니다.

왜 서두를까

인터넷에 자살 사이트까지 생겨났다는 소식을 접한 지 얼마 되지 않아 그 자살 사이트를 보고 몇 사람이 죽었다는 기사를 읽은 적이 있습니다. 요즘 자살자들이 늘고 있다는데, 왜 이렇게 되었습니까? 급격한 사회 환경 변화에 적응하지 못해서 그럴 수도 있겠고, 또 한편으로 우리 사회에 만연된 생명 경시 풍조 때문이기도 할 것입니다.

또 언젠가 신문에서 우리 나라 남자들은 거의가 일 중독 증세를 가지고 있다는 기사를 본 적이 있습니다. 직장인들은 하루 24시간이 모자랄 정도로 엄청난 업무량으로 시달리고 있습니다. 새로운 지식을 습득하려고 애를 쓰지만 한계가 있고, 이미 갖고 있던 지식마저 폐기물이 되어버려 무력감에 빠져 고민하는 것이 현대인의 모습입니다.

우리 나라 통계청이 발표한 '1999년 사망 원인' 결과에서 눈길을 끄는 것은 10년 전에는 사망 원인 10위 권 밖이었던 자살이 9위로 뛰어오른 점이었습니다. 1990년에는 인구 10만 명당 9.8명이었는데 1999년에는 16.1명이었습니다. 자살에 의한 사망이 최근 10년 사이에 무려 64. 3퍼센트나 늘어났습니다.

죽음이 모든 문제를 해결해 줄 것이라는 착각과, 탈출구라는 망상에서 깨어나야 합니다. 더구나 죽으려고 하지 않아도 우리는 언젠가 죽게 됩니다. 미리 서두를 필요가 없습니다. 우리 나라 사람들의 '빨리 빨리' 정신이 죽는 일에까지 영향을 미치고 있는 것이 아닌가 생각해 봅니다.

모세는 광야에서 이스라엘 백성들을 이끌어 갈 때 지도력의 한계를 느끼자 "주께서 내게 이같이 행하실진대 구하옵나니 내게 은혜를 베푸사 즉시 나를 죽여 나의 곤고함을 보지 않게 하옵소서"(민 11:15)라고 하나님께 죽기를 간구했습니다.

그러나 하나님은 모세와의 관계를 끝내지 않으시고 70인의 장로를 세워 그의 짐을 덜어주셨고, 고기를 원하는 이스라엘 백성들에게 1 개월 동안 메추라기를 내려 주셨습니다.

엘리야가 바알과 아세라 선지자 850명과 영적 대결을 벌였습니다. 엘리야는 승리하여 모든 우상 선지자들을 처단하였습니다. 그러자 그들의 후견자인 이세벨 왕비가 엘리야를 죽이겠다고 맹세했습니다.

두려움에 사로잡힌 엘리야는 광야로 도망가서 로뎀나무 아래 앉아 "여호와여 넉넉하오니 지금 내 생명을 취하옵소서" (왕상 19:4)라고 부르짖었습니다.

그러나 역시 하나님은 그와의 관계를 끝내지 않으셨습니다. 오히려 그에게 천사를 보내어 음식과 물을 공급해 주시고 기력을 차리도록 하셨습니다.

이 같은 예를 통해서 확인하는 성경의 입장은 죽음은 피할 수 없는 것이지만 서둘러서도 안 된다는 것입니다. 인간의 생명은 하나님께로부터 나왔고 고귀한 것이기 때문입니다. 비록 말기 암 환자라고 할지라도 하나님께서 부르시는 마지막 순간까지 생명을 귀하게 여겨야 합니다.

마지막 잎새

O. 헨리의 단편 중에 「마지막 잎새」가 있습니다. 병상에 누운 한 소녀가 창 밖 담쟁이덩굴의 마지막 한 잎 낙엽이 떨어지면 자기도 죽게 될 것이라고 생각하고 있었습니다.

소녀는 그렇게 하루하루를 살았습니다. 어느 날 비바람이 몹시 불었습니다. 당연히 떨어졌을 것이라고 생각했던 마지막 한 잎이 그대로 남아 있었으며 그 잎새로 인해 죽음을 극복하게 되었다는 내용입니다.

마지막 잎새가 떨어지던 날 밤, 아무도 모르게 추위와 비바람을 무릅쓰고 나뭇잎을 그려놓은 어느 숨은 사랑의 손길이 있었음을 우린 기억합니다.

우리의 마지막 잎새는 무엇입니까?

우리의 삶이 누군가에게 마지막 잎새 같은 희망을 주는 삶일 수는 없을까요?

나는 하○○ 자살 사건으로 인해 한동안 죽음의 문제에 매달렸습니다. 자살할 수 밖에 없었던 그의 삶을 돌아보면서 그를 위해서 할 수 있는 일이 무엇이었는가를 다시 생각해 보았습니다.

성경은 "무릇 지킬만한 것보다 더욱 네 마음을 지키라 생명의 근원이 이에서 남이니라"(잠 4:23)고 했습니다. 마음을 지키는 것이 중요합니다.

사람의 마음같이 신비스러운 것이 없습니다. 맹자는 사람의 마음을 물에다 비유했습니다. "동쪽으로 터뜨리면 동으로 흐르고 서쪽으로 터뜨리면 서로 흐르니 인성(人性)의 선(善)과 불선(不善)을 구분할 수 없는 것이 물의 동서를 구분할 수 없는 것과 같다"고 했습니다. 살고 죽는 것이 마음먹기에 달려 있습니다.

그런데 그는 죽고 싶어했습니다. 죽으면 끝이라는 극단적인 사고 방식을 가지고 있었고, 결국 그는 죽음을 택했습니다. 자살이라는 최후의 선택으로 절망으로부터 탈출하려는 어리석음을 범했던 것입니다.

'죽으면 끝이다'라는 사고 방식은 죽음 이후의 세계를 무시하거나 경시하는데서 연유합니다. 자살은 치료가 불가능합

51

니다. 일단 죽고 나면 다시 돌아올 수 없습니다. 예방책 밖에 없습니다.

두 가지 영적 지식

나는 자살을 막기 위해서는 두 가지의 영적 지식이 필요하다는 생각을 했습니다. 먼저 우리는 자살의 결과를 분명히 알아야 합니다.

성경은 자살에 대해 직접적인 평가는 하고 있지는 않습니다. 하지만 생명을 중시함으로써 자살은 결코 해서는 안 되는 무서운 죄악임을 가르치고 있습니다. '살인하지 말라' 는 제6계명은 남의 생명만이 아니라 내 생명에도 관계된 명령입니다.

생명은 하나님께서 창조하신 하나님의 것입니다. 내가 생명의 주인이 아니고 하나님이 생명의 주인입니다. 남의 물건을 훔치는 행위를 도적질로 생각하면서 하나님의 소유를 훔치는 행위는 도적질로 생각하지 않는 풍토가 문제입니다. 비록 자신의 생명이라 할지라도 그것은 하나님의 것이므로 생명 강탈은 실로 가공할만한 죄악입니다.

또 하나, 우리는 생명의 존엄성과 삶에 대한 올바른 가치관을 가져야 합니다. 인간은 하나님의 형상대로 지음 받은 고귀한 존재이며, 삶 자체가 신의 소명입니다. 삶에는 뜻이 있습니다.

롱펠로우는 '생의 찬가'에서 "인생은 참되고 인생은 진지한 것이다"라고 읊었습니다. 우리의 인생은 만난(萬難)을 무릅쓰고 끝까지 살 가치 있는 진지한 것입니다.

슈바이처는 "생명의 경외가 나의 도덕의 근본 원리이다"라고 했습니다. 생명을 아끼고 소중히 여길 줄 아는 생각이 도덕과 윤리의 근본입니다.

어떤 세미나에서 한 강사가 20달러 짜리 지폐를 높이 쳐들고 말했습니다.

"여러 분은 이 돈을 갖고 싶겠지요?"

그리고는 갖고 싶은 사람은 손을 들어보라고 요청했습니다. 그러자 세미나에 참석했던 대부분의 사람들이 손을 들었습니다.

강사는 계속해서 말했습니다.

"저는 여러분 중에 한 사람에게 이 돈을 드릴 생각입니다만 그 전에 먼저 여길 주목해 주시기 바랍니다."

그러더니 갑자기 쳐들었던 20달러 짜리 지폐를 마구 구겼습니다.

"아직도 여러 분은 이 지폐를 갖기 원하십니까?"

역시 동일하게 많은 사람들이 손을 들었습니다. 그 강사는 이번에는 그 20달러 짜리 지폐를 바닥에 떨어뜨려 발로 밟고 더럽게 했습니다. 그리고 마구 구겨지고 더러워진 그 20달러 지폐를 집어들고, 아직도 그 돈을 갖고 싶은지 물었습니다. 또 다시 많은 사람들이 손을 들었습니다.

그런 후 강사는 다음과 같은 결론을 내렸습니다.

"여러 분은 한 가지 재미있는 교훈을 배우게 됩니다. 제가 아무리 이 20달러 짜리 지폐를 가지고, 마구 꾸기고 발로 밟고 더럽게 했을지라도 그 가치는 줄어들지 않았다는 것입니다. 20달러 짜리 지폐는 항상 20달러의 가치가 있는 것입니다."

우리도 인생에 있어 여러 번 바닥에 떨어지고, 밟히며, 더러워지는 일이 있습니다. 잘못된 결정에 의해서건, 환경에 의해서건 우리는 그런 일을 실제로 겪습니다. 그리고는 마치 자신이 쓸모 없는 사람이라고 느끼기도 합니다. 그러나 놀라운 사실은 당신에게 무슨 일이 있었건, 또 무슨 일이 일어나건 하나님의 관점에서 볼 때 당신은 자신의 가치를 결코 잃지 않는다는 것입니다.

하나님은 자신의 형상대로 우리를 새롭게 하기를 원하셔서 독생자 예수 그리스도를 십자가에 제물로 허락하셨습니다. 그런데 하나님의 형상대로 지음 받은 우리 인간이 구원에서 멀리 떨어져 있는 것을 볼 때 하늘에 계신 아버지가 얼마나 괴로움을 느끼시겠는지 상상해 보십시오.

그러므로 고난 앞에서 좌절하고, 실패로 허탈할지라도 이로 인해 자기 파괴나 자기 포기로 이끌어 가지 않도록 해야 합니다. 그것은 하나님의 사랑을 저버리는 일입니다.

비록 하나님께서 당신이 괴롭게 느껴지는 그런 징계의 길로 이끄시더라도 그 분의 선하심을 믿으십시오. 하나님은 당신에게 아버지로서의 특별한 의도를 가지고 행하십니다. 하나님께서 벌을 주시는 경우에도 당신을 특별히 준비시키시는 것입니다.

당신을 영원토록 행복하게 할 천국의 삶을 준비하게 하시는 것보다 더 큰 사랑이 어디 있습니까? 당신이 하나님 아버지의 징계에 기꺼이 순종할 때 천국의 삶은 이 땅에서, 바로 당신의 마음속에서 시작이 되는 것입니다.

연약한 우리들, 인간

성경은 우리 인간을 흙으로 빚은 질그릇으로 비유합니다. 흙은 인간의 허무성, 유한성, 연약성을 의미합니다. 특히 여자는 더 약한 그릇입니다. 그렇기 때문에 남편된 자들은 아내를 조심조심 다루어야 합니다.

하나님께서는 남편들이 아내를 사랑하고 돌보아 주도록 하기 위해 여자를 남자보다 조금 더 연약하게 만드셨습니다. 평균적으로 여자는 남자보나 10퍼센트씩 부족하다고 합니다. 키도 조금 작고, 몸무게도, 손과 발도 조금씩 작습니다.

아무리 맹렬 여성이라고 할지라도 실제로 남자와 비교할 때는 육체적으로 뿐 아니라 정신적으로도 더 연약합니다. 감성적이고 예민하기 때문에 남자들이 볼 때 사소한 일로도 마음의 상처를 받습니다. 그래서 성경은 이렇게 말씀하고 있습니다.

남편된 자들아 이와 같이 지식을 따라 아내와 동거하고 저는 더 연약한 그릇이요 또 생명의 은혜를 유업으로 함께 받을 자로 알아 귀히 여기라 (벧전 3:7)

우리 인간의 연약함은 육체적으로 뿐 아니라 심리적으로도 분명합니다. 쉽게 상처를 받고 조금만 욕구가 충족되지 않아도 낙심하고 좌절하며 견디기 힘들어 하지 않습니까?

겨울밤을 지새는 한 떼의 고슴도치가 있었습니다. 그들은 영하의 기온 때문에 그들은 온기를 위하여 서로 밀착할 수 밖에 없었습니다. 그러나 서로 밀착하자마자 서로의 가시로 인하여 상처를 입게 되었습니다. 그래서 그들은 떨어졌습니다. 다시 가까워졌다가 떨어지기를 반복했습니다.

쇼펜하우어는 사람들의 관계가 마치 겨울밤을 지새는 고슴도치 떼와 같다고 했습니다. 인간 관계는 가까이하면 상처를 받고 멀리하면 춥고 외롭습니다.

그렇기 때문에 사람들은 나름대로 스트로크를 즉, 인정자극을 받기 위해 심리적 게임을 하기도 하고, 인간 관계에서 상처를 입지 않기 위해서 본능적으로 자신을 방어하는 방법들을 사용합니다. 이론적으로 배우지 않아도 인간은 누구나 기제 사용에 탁월함을 가지고 있습니다.

처음에는 도피기제를 쓰다가 그 다음에는 방어기제, 그리고 이것도 저것도 되지 않으면 마지막에는 공격기제를 사용합니다. 마지막 공격기제는 방어기제가 통하지 않을 때 마지막으로 사용하는 기제로서 본인이나 욕구좌절을 가져다 준 사람 모두가 상처를 입는 위험스런 기제입니다.

하○○, 그는 마지막까지 간 사람이었습니다. 아내에게 분노의 감정을 쏟아 붓다가 그것도 뜻대로 안 되자 그 분노를 자신에게 폭발시켜 버렸던 것입니다. 그가 불쌍한 것은 자신의 마음을 다스리지 못해 영혼마저 잃어버린 자가 되고 만 것입니다.

서로를 향하여 마음을 활짝 열고 가면을 벗읍시다. 좀더 솔직해지십시다. 시드니 주라드는 「투명한 자아」라는 책에서 습관적으로 자신을 숨기고 움추리다 보면 인격의 분열에 이르게 되고 반대로 솔직하게 자신을 드러내면 그것이 건강을 보장해 주어 정신질환과 육체질환까지도 미리 방지한다고 했습니다.

사람들은 자신의 가면을 벗는 자들에 대해 긴장을 풀고 모여들며 가까운 인간관계를 형성합니다. 그러므로 우리가 일단 자신을 기꺼이 열어 놓기만 하면 세상에는 우리를 사랑하지 않고는 견딜 수 없는 사람들이 생기게 될 것입니다.

서로 용서하자

하바드 대학교의 게이츠 교수가 분노가 몸에 끼치는 영향에 대한 실험을 했습니다. 그는 한 사람의 환자에게 고무관을 물리게 했습니다. 호흡 속의 가스는 차갑게 식혀진 고무관을 통과하면서 액체로 변하게 됩니다. 고무관은 약물 속으로 들어가도록 되어 있었습니다.

환자의 마음의 상태가 차분하고 기분이 좋을 때는 약물에 아무런 변화가 일어나지 않았습니다. 잠들어 있을 때도 마찬가지였습니다. 그러나 환자가 갑자기 성을 내었을 때 약물 속에서 갈색의 침전물이 생겨났습니다.

이 갈색의 침전물을 채취해 쥐에게 주사를 놓아 보았습니다. 그러자 쥐는 별안간 미친 듯이 난폭해지더니 이윽고 죽고 말았습니다. 이러한 실험은 사람들이 화를 낼 때 인체 내에 어떤 물질이 발생하는데 그 물질에는 강력한 독성이 있다는 사실을 증명하는 것입니다.

많은 사람들이 마음 속 깊은 곳에 분노를 품고 있습니다. 분노는 우리가 생각하는 것 이상으로 삶에 큰 영향력을 행사합니다. 그러나 사람들은 분노가 잘못된 감정이며 죄라고 생각하기 때문에 화가 날 때 그것을 무시하고 인정하기를 거부합니다.

분노를 감추고 얼굴에 거짓 미소를 띠지만 그렇다고 해서 분노가 사라진 것이 아닙니다. 그것은 무의식 속에 남아서 게릴라 전을 펼침으로 억누르고 있는 사람의 영혼과 몸을 해칠 뿐 아니라 주변 사람들에게 여러모로 상처를 주게 됩니다.

분노의 파괴력에서 벗어나는 과정은 두 가지 메카니즘, 즉 복수와 용서를 통해서 가능합니다. 그런데 복수는 항상 가능한 것도 아니고 바람직한 것도 아닙니다. 하지만 용서는 원한

이라는 사슬에서 벗어나는 유일한 방법입니다.

아무리 억울하더라도 나에게 상처를 준 사람을 용서해야 합니다. 성경은 용서에 대해서 이렇게 교훈하고 있습니다.

너희는 모든 악독과 노함과 분냄과 떠드는 것과 훼방하는 것을 모든 악의와 함께 버리고 서로 인자하게 하며 불쌍히 여기며 서로 용서하기를 하나님이 그리스도 안에서 너희를 용서하심 같이 하라(엡 4:31-32)

하나님은 우리를 어떻게 용서하셨습니까? 무조건 용서하셨습니다. 우리도 다른 사람들을 용서하되 무조건 용서해야 합니다. 당한 것도 억울한데 용서까지 해야 하니 너무 억울하다는 생각이 드십니까? 그러나 용서해야 삽니다.

용서가 잘 되지 않는 분은 차분히 한번 생각해 보십시오. 우리가 이 세상에서 산다면 얼마를 살겠습니까? 우리 속담대로 백년을 살아야 3만 6천 일입니다. 사랑하며 살기에도 짧은 인생입니다. 더구나 언제 떠나야 할지 알 수 없는 것이 우리 인생입니다. 바울이 '서로' 라고 밀하는 것은 누구도 온전한 사람이 없음을 지적하는 것입니다. 서로 불쌍히 여깁시다. 용서하며 삽시다.

자족하며 사는 삶

에리히 프롬은 인간의 마음을 가리켜 '바닥 없는 항아리'

와 같다고 했습니다. 우리 인간의 욕구는 끝이 없습니다. 사람의 마음은 아무리 채워도 채워지지 않는 속성이 있습니다.

우리의 모든 욕구를 다 채울 수 있다면 얼마나 좋겠습니까? 그러나 현실은 그렇지 못합니다. 60억이 넘는 사람들이 더불어 살고 있는 이 세상에서 어찌 내가 갖고 싶은 것을 다 갖고, 내가 하고 싶은 일을 다 할 수 있겠습니까?

적절히 욕구를 다스려야 합니다. 어떻게 욕구 불만을 다스릴 수 있을까요? 바울은 우리에게 자신이 체득한 대응전략을 가르쳐 주고 있습니다.

> 내가 궁핍함으로 말하는 것이 아니라 어떠한 형편에든지 내가 자족하기를 배웠노니 내가 비천에 처할 줄도 알고 풍부에 처할 줄도 알아 모든 일에 배부르며 배고픔과 풍부와 궁핍에도 일체의 비결을 배웠노라(빌 4:11-12)

바울이 제시하는 비결은 한 마디로 자족입니다. 자족은 비천에도 처할 줄 알고 풍부에도 처할 줄 아는 적응능력입니다.

헬렌 켈러는 3일 동안만 볼 수 있다면 첫째 날에는 자기를 가르쳐준 설리반 선생을 찾아가 그 분의 얼굴을 보고 산으로 가서 아름다운 꽃과 풀과 빛나는 노을을 보고 싶다고 했습니다.

둘째 날에는 새벽에 일찍 일어나 먼동이 터 오는 모습을 보고 저녁에는 영롱하게 빛나는 하늘의 별을 보겠다고 했습니다.

셋째 날에는 아침 일찍 큰 길로 나가 부지런히 출근하는 사람들의 활기찬 표정을 보고, 점심 때에는 아름다운 영화를 보고, 저녁에는 화려한 네온사인과 쇼윈도의 상품들을 구경하고 저녁에 집에 돌아와 사흘간 눈을 뜨게 해주신 하나님께 감사의 기도를 드리고 싶다고 했습니다.

헬렌 켈러의 소망은 지극히 소박한 것이었습니다. 우리가 매일 누릴 수 있는 평범한 것이었습니다. 우리에게는 감사할 것이 넘칩니다. 그럼에도 불구하고 우리가 감사하지 못하는 것은 우리 마음 속의 욕심, 경쟁, 시기, 질투가 마음을 어지럽게 하기 때문입니다.

한 때 우리에게는 '보릿 고개' 라는 것이 있었습니다. 그러나 지금은 절대 가난은 사라졌습니다. 물론 지금도 굶는 사람이 없는 것은 아닙니다. 그러나 조금만 노력하면 먹고 살 수는 있습니다. 다른 사람과 비교하고, 다른 가정과 비교하면 끝없이 불평, 불만할 수 밖에 없습니다.

여러 가지 불만과 불평과 탐욕과 악의는 곡식 밭에 나는 잡초 모양으로 우리 마음속에 무성하게 자라납니다. 잡초는 누가 씨를 뿌린 것도 아니요, 물이나 거름을 준 것도 아닌데도 잘 자라납니다.

마찬가지로 우리 속에 있는 불만과 불평과 탐욕과 악의도 누구에게서 배운 것도 아니고 누가 장려한 것도 아닌데도 마음이라고 하는 밭에 저절로 무성하게 자랍니다.

곡식 밭에 잡초가 자라는 대로 내버려 두면 한정 없이 퍼져

나가는 것처럼 우리에게 있는 불만과 불평과 원망도 우리 마음이 뻗어 나가는 대로 내버려 두면 한정 없이 퍼져서 불만 투성이의 인간이 되고 맙니다.

그러므로 우리는 어떤 형편에서든지 자족하기를 배워야 합니다. 삶이 불만스럽습니까? 자꾸 불평이 나옵니까? 가끔씩 병원에 가보십시오. 건강하게 사는 것만도 감사하게 될 것입니다.

지혜의 왕 솔로몬은 전도서에서 말하기를 "지혜자의 마음은 초상집에 있으되 우매자의 마음은 연락하는 집에 있느니라"(전 7:4)고 했습니다.

장례식장에도 찾아가 보십시오. 그리고 진지하게 죽음을 생각해 보십시오. 살아있는 것만으로도 감사하게 될 것입니다. 자족할 수 있는 사람이 행복한 사람입니다.

교인들을 보내면서

목사로서 해야 할 일들이 참 많습니다. 설교자로서, 교사로서, 영적 의사로서, 상담자로서의 역할을 해야 합니다. 때로는 장의사 역할도 해야 합니다. 나는 아름다운교회를 담임하면서 사랑하는 수 십여 교인들을 천국으로 보냈습니다.

목회자의 사명은 잃어버린 영혼들을 세상에서 이끌어 내서 하나님의 교회 안으로 들어올 수 있도록 인도하는 것입니다. 이를 위해 교인들로 하여금 열심히 전도하도록 해야 합니다. 그러나 목회는 여기서 끝나는 것이 아닙니다. 이 세상에서 신앙 생활 잘하다가 영원한 하나님의 나라, 천국까지 갈 수 있도록 인도해야 합니다.

나는 목사라는 직책을 천국의 안내자로 생각하고 있습니다. 교인들에게 천국의 소망을 심어주고 기쁘게 천국에 가도록 하는 일을 가장 중요하게 생각하고 있고, 또한 보람으로 여기고 있습니다. 나는 한 영혼이 구원받아 이 세상에서 주님의 은혜로 살다가 마지막에 찬송을 부르며 천국에 가게 된다면 목사로서 그 영혼에 대한 책임을 다 한 것이라고 믿고 있습니다.

사람은 나이가 들수록 고향을 생각하게 된다고 합니다. 영적으로도 마찬가지인 것 같습니다. 이제는 조금 나이가 들어서인지 점점 먼저 간 사람들을 그리워하며 영원한 고향을 생각하게 됩니다.

성도들을 주님이 계신 영원한 고향, 천국으로 안내하면서 가슴 뿌듯한 일도 많았지만 반면에 내 마음을 안타깝게 했던 사람들도 있었습니다.

암으로 떠난 자매

1998년의 일입니다. 우리 교인 중에 병원에서 대장암 말기의 진단을 받고 투병하던 장○○ 자매가 있었습니다. 원래 건강에 조심해야 할 자매였지만 보험 영업 일을 하면서 세상으로 많이 빠져 있었습니다. 수술을 했지만 재발하여 전신에 암이 퍼졌습니다.

남편은 직장에 나가고 아이들이 학교에 가고 나면 마땅히 그를 돌봐 줄 사람도 없었고 환경도 못되는 처지라 교회에서 보살피기로 결정했습니다. 우리는 장○○ 자매를 돌보기 위해 식이요법을 숙지했습니다.

암(癌)이라는 글자에 입 '구' (口)자가 세 개나 들어 있음은 음식을 통한 치료의 중요성을 생각해 보게 합니다. 기본적으로 암은 함부로 먹고 많이 먹어서 생긴 병입니다. 식이요법의 원칙은 소식(小食)과 생채식(生菜食)입니다. 즉 육식과 인공 조미료를 배제하고 가공 과정을 최소화한 자연에 가까운 음식을 포만감을 느끼던 양의 70퍼센트 정도만 섭취하도록 해야 합니다.

그 해 첫 눈이 얼마나 많이 내렸던지 길이 막히고 차도는 엉키고 엉망이었습니다. 그 날 저희 교회 박혜경 권사님이 아내에게 이렇게 제의했습니다.

"사모님은 유기농으로 식단을 짜서 식사를 맡아 주세요. 저는 마트에 가서 당근, 샐러리, 케일, 신선초, 미나리 등을 사서 녹즙을 만들께요."

아내는 식이요법의 원칙에 따라 정성껏 양념 하나 하나까지 조미료를 넣지 않은 음식을 만들었고, 박 권사님은 눈발을 헤치고 장을 보러 다녔습니다. 재료를 준비한 박 권사님은 아침 일찍 당근 주스로 시작해서 황녹색 야채를 녹즙으로 갈아 삼 시 세 때를 먹게 했습니다.

그리고 틈만 나면 예배 드리고 위로하며 주물러 주었습니다. 주물러 달라는 횟수가 점점 늘어가고 보살피는 사람들은 서서히 지쳐갔습니다.

"장 자매님, 드라이브 할래요? 아마 기분 전환이 될꺼예요."

박 권사님의 팔에 의지하여 겨우 차에 올라탄 그녀는 누워서 창 밖의 하늘을 쳐다보았다가 눈이 시리면 감기도 하면서 자유로를 한바퀴 돌아오곤 했습니다.

그가 기운이 좀 남아 있을 때는 아내가 미장원에 데리고 가서 머리도 만져주고 뼈만 앙상한 몸을 씻겨 주었습니다. 우리는 그에게 일부러 성탄 뮤지컬에 참여 시켰고 예수님 역할을 맡겼습니다. 자녀들은 그런 엄마의 모습을 보면서 "우리 엄마 참 예쁘다"고 했습니다. 그 말을 들으면서 가슴이 아팠습니다.

입원 치료 기간이 되어 그녀는 병원으로 들어갔습니다. 그러나 그녀의 몸은 이미 의술의 한계를 넘어서 있었습니다. 결국 강남 성모병원 호스피스 병실에서 우리는 그녀의 임종을 지켜보게 되었습니다. 우리는 그녀의 마음을 편안히 해주는 일 외에는 해 줄 수 있는 일이 없었습니다. 마흔 살의 화사한 미모도 죽음 앞에서는 아무 소용이 없었습니다.

우리는 포목점에서 흰 광목을 끊어다가 그녀에게 드레스를 지어 입히고 하얀 모자를 만들어 씌우고 예쁘게 단장을 해서 먼 여행을 떠나 보내는 양 떠나 보냈습니다. 그녀가 좀더 하나님을 사모하며 주님의 팔을 굳게 붙들었더라면 하는 아쉬움을 남겼습니다.

예방이 필요하다

미국에는 호스피스 제도가 정착되어 있고 상당히 대중적입니다. 이곳을 이용하는 환자는 의학적으로 사형 언도를 받은 것과 같은 환자들로, 환자가 편안하게 임종을 맞이할 수 있도록 하는 시설입니다. 즉 죽음을 준비시켜주는 제도입니다. 이 제도에 많은 사람들이 관여하고 있는데 대표적인 사람들이 목사, 신부, 의사, 간호사, 그리고 사회사업가입니다.

우리 나라에서도 이제 호스피스 봉사가 확산되는 추세입니다. 암으로 세상을 떠나는 사람들을 많이 대했지만 특별히 장○○자매를 돌보면서 우리는 편안한 임종을 도울 수 있는 전문적인 호스피스 시설 확장과 봉사 사역의 필요성을 절실히 느끼게 되었습니다. 또한 요즘 급속히 늘어나고 있는 암과 싸우는 방법들에 대해 관심을 갖게 되었습니다.

순복음신문에 연재되고 있는 고려대 조무성 교수의 '암과 싸우는 열 가지 방법' 이라는 글을 읽어보았습니다. 그 분이 제시한 방법은 경건요법, 정신요법, 영양요법, 운동요법, 휴식요법, 의술요법, 예술요법, 청결요법, 관광요법, 봉사요법 등이었습니다. 나의 관심을 끄는 부분은 관광요법이었습니다. 조 교수님은 관광요법에 대해서 이렇게 말했습니다.

예방을 위해서도 하나님이 창조하신 자연이 얼마나 아름다운가를 늘 감상해야 할 것이다. 하늘, 해와 달, 산, 바다, 꽃, 들, 물고기, 새들을 보고 얼마나 보기 좋은지를 느끼고 자연의 소리, 물 흐르는 소리, 새 소리를 들을 수 있는 기회를 자주 가지는 것이 좋다.

나는 시골 출신이어서 그런지 자연을 좋아합니다. 시간이

나면 여행을 즐깁니다. 가끔씩 자연 속에서 기도하며 묵상하며 지내는 시간은 영혼의 평안을 얻는데 큰 도움이 됩니다. 그런데 그것이 하나의 요법인 것을 확인하고 나니 반가웠습니다.

암 전문가들은 정신요법의 병행 없이는 치료가 불가능하다고 말합니다. 암 환자에게 있어서 정신요법의 비중은 전체 치료법의 30퍼센트 이상이라고 합니다. 이 사실은 이미 성경에서 말씀하고 있는 것입니다. 잠언을 보면 병을 이기는데 있어서 마음의 자세가 얼마나 중요한가를 알 수 있습니다.

마음의 즐거움은 얼굴을 빛나게 하여도 마음의 근심은 심령을 상하게 하느니라(잠 15:13)

마음의 즐거움은 양약이라도 심령의 근심은 뼈로 마르게 하느니라(잠 17:22)

사람의 심령은 그 병을 능히 이기려니와 심령이 상하면 그것을 누가 일으키겠느냐(잠 18:14)

최근에 「암과 싸우지 말고 친구가 돼라」는 책을 쓴 전 서울대병원장 한만청 박사의 글에서도 치료에 있어서 신앙이 중요함을 강조하는 내용을 읽을 수 있었습니다. 그렇다면 암 환자를 돌보는 일은 교회가 적극적으로 끌어안아야 할 과제가 아닐 수 없습니다. 나는 목사로서 그 일에 사명감을 느낍니다. 호스피스 관계자들은 우리 인생을 비행기의 이착륙으로 비유하며 호스피스 사역을 착륙을 돕는 것으로 설명합니다. 이륙이 중요하듯 착륙도 중요합니다. 죽음을 앞두고 지나온 삶을 정리하고 평안한 죽음을 맞이하는 일이 중요합니다. 누가 이 일에 관여할 수 있겠습니까? 당연히 부활의 소망을 가지고 있는 성도들이 나서야 한다고 생각합니다.

지금 우리 교우 중에도 암과 투병하는 분이 있습니다. 암이 재발한 상태여서 다시 수술해도 별 희망이 없었지만 식이요법에 따라 음식을 조절하면서 말씀 묵상과 기도, 그리고 여행을 통해서 증세가 호전되고 있습니다.

나는 틈나는 대로 함께 여행을 하며 믿음의 대화를 나눕니다. 그래서 그 분이 몸과 마음을 잘 관리할 수 있도록 돕고 있습니다. 환자 교인들을 돌보면서 경험한 바 관광요법은 환자의 마음 상태를 새롭게 바꾸어 몸의 컨디션을 향상시키는데 도움이 됩니다.

요즘 우울증이 심각하게 거론되고 있습니다. 특히 중년에 들어서면 주부들이 분노와 우울증으로 시달리는 경우가 많은데 그럴 때 바람을 쐬면 한결 나아집니다. 나는 요즘 교인들에게 집안에만 있지 말고, 예배에 자주 참석하고 틈나는 대로 여행을 다니라고 권합니다.

이곳이 베데스다 연못이다

1999년 새해를 맞아 우리 교회는 1월 1일부터 23일까지 신년 기도회를 실시했습니다. 기도회를 마치기 하루 전 날, 91세 된 정원봉 집사님이 서재 방에서 홀로 기도를 하고 있었습니다.

"이제 나 같은 사람이 교회에 무슨 도움이 될꼬."

정 집사님은 나이를 먹어 더 이상 교회를 위해 일할 수 없는 자신의 모습이 안타까워 푸념하면서 기도하다가 하나님의 음성을 듣게 되었습니다.

"이곳이 베데스다 연못이다!"

뚜렷한 음성이었습니다. 정 집사님은 자리에서 일어나 그가 들은 하나님의 음성을 모인 성도들에게 전해 주었습니다. 우리 교회가 온갖 병자들을 고쳤던 베데스다 연못이라는 것이었습니다.

정 집사님은 평소 기도를 많이 하던 분이었습니다. 그래서 우리 교회에서는 치유를 위한 하나님의 특별한 역사 하심이 있을 징조로 받아들이고 본격적으로 무료 침술을 통한 치유 사역을 시작했습니다.

그 동안 비정기적으로 실시하던 침술 사역을 정기적으로 실시하기 위해 수요 저녁 예배를 낮 예배로 전환했습니다. 교인들 뿐 아니라 찾아오는 모든 사람들에게 무료로 침을 놓아 주었습니다.

진료를 받은 사람 중에 일본 동경대 교수로 있던 77세의 오무라 박사가 있었는데 침을 맞고 불편해하던 다리를 치료를 받았습니다.

할렐루야가 무슨 뜻입니까?

침술 사역을 통해 한 사람이 구원을 받게 되었습니다. 3대
째 불교를 믿던 89세 된 김용길 노인이었습니다. 1월 24일,
89년만에 처음 교회에 나온 그는 침을 맞기 위해 억지로 예배
에 참석했습니다.

나는 그 분이 연로하기 때문에 일단 억지로라도 신앙 고백
을 시켜야겠다고 생각하고 구원의 도리와 신앙 고백의 필요
성을 가르쳐 주었습니다. 한참 망설이더니 그 분은 나를 따라
서 신앙고백을 했습니다.

노환으로 몸이 너무 허약한 상태에 있던 그 분은 1월 28일
새벽 3시 경 쓰러지고 말았습니다. 중풍 증세로 입이 돌아갔
고, 가족들은 서둘러 구급차를 불렀습니다. 새벽 4시 병원 응
급실에 실려 갔습니다.

가족들로부터 연락을 받고 병원 응급실로 달려가 보니 아
무 말도 못했고, 의식이 없는 상태에 있었습니다. 의사들도
손을 쓰지 못하고 있었습니다. 나는 사정이 급박하다는 판단
이 들었습니다. 의사들의 눈치 볼 것 없이 간절히 기도하면서
침을 놓았습니다. 그러자 의식이 돌아왔고 그대로 퇴원할 수
있었습니다.

김 노인은 잠시 혼수 상태에 있었을 때 일어났던 이야기를
들려주었습니다.

"어느 곳을 갔는데 많은 사람들이 '할렐루야' 하면서 환영을 하는데 도대체 '할렐루야' 가 무슨 뜻입니까?"

그 분은 잠시 천국의 입구에 다녀온 것 같았습니다.

"하나님을 찬양한다는 뜻입니다."

하나님께서 가족 구원을 위해 특별히 은혜를 베푸셨다는 생각이 들었습니다. 복음을 들려주자 김 노인은 오전 내내 나의 손을 붙잡고 놔주지 않았습니다. 그리고는 돌아갈 때 불교 서적들과 테이프를 한 보따리 내어놓으면서 태워서 깨끗한 산에 버려 달라고 부탁을 하며 성경책을 구해 달라고 했습니다.

2월 3일, 김 노인은 세상을 떠날 때가 가까이 왔음을 직감했던지 온 가족을 모아 놓고 유언을 했습니다.

"내가 죽으면 병원으로 가지 않고 교회로 가겠다."

그래서 가족들은 김 노인의 장례는 유언을 따라 교회장으로 하기로 결정했습니다.

그런데 곧 숨이 넘어갈 듯 하면서도 김 노인은 세상을 떠나지 못했습니다. 참으로 난처했습니다. 그 때 우리 교회는 뉴질랜드에서의 뮤지컬 공연을 준비하고 있었고, 21일 저녁에 뉴질랜드로 출발해야 했습니다.

자칫하면 김 노인으로 인해 뉴질랜드 공연에 차질이 생길 형편이었습니다. 아무리 뉴질랜드 공연이 중요하다고 해도 교회장으로 치루기로 한 노인을 놔두고 떠날 수는 없는 일이었습니다. 기도하는 수 밖에 없었습니다. 그러자 하나님께서는 그 노인의 죽음까지 날짜에 맞춰 역사해 주셨습니다. 2월 19일 새벽 4시, 김 노인은 세상을 떠났습니다.

나는 김 노인을 통해 신앙고백이 얼마나 중요한가를 새삼 깨닫게 되었습니다. 억지로 따라 한 신앙고백이었지만 그 신앙 고백을 통해 그는 천국을 경험하고 단 한번 예배에 참석하고서 구원을 받을 수 있었던 것입니다.

구원은 우리의 행위로 말미암지 않고 오직 하나님의 은혜인 것을 다시 한번 확인할 수 있었습니다. 또한 김 노인의 구원 사건은 우리 모두에게 하나님의 사랑이 얼마나 큰가를 다시금 깨닫게 해주었습니다.

시편 108편 8절을 보면 "여호와는 자비로우시며 은혜로우시며 노하기를 더디 하시며 인자하심이 풍부하시도다"라고 말씀하고 있습니다. 하나님께서는 89년 동안 하나님을 대적하던 사람도 사랑하셨던 것입니다.

장례를 마친 그 날 저녁 7시, 우리는 그 하나님의 사랑을 품고 뉴질랜드 장애우들을 돕기 위한 자선 공연을 위해 뉴질랜드로 출발할 수 있었습니다.

죽음 앞에서

　단원들의 수가 턱없이 부족하고, 의사소통이 제대로 되지 않아 말로 다할 수 없는 어려움이 있었지만 하나님의 도우심으로 뉴질랜드 공연은 성공적이었습니다.

　1천여 명의 뉴질랜드 장애우들은 우리 교회 뮤지컬 선교단의 공연을 보면서 기뻐하고 좋아했습니다. 장애인들을 이 세상에 보내신 하나님의 섭리를 생각해 보았습니다. 장애우들의 밝은 모습이 인생을 비관해서 스스로 목숨을 끊은 사람들의 모습과 대비되었습니다.

　생명은 하나님께서 주신 것이고, 하나님께서 거두어 가시는 날까지 소중히 여기고 하나님의 뜻을 이루기 위해 노력해야 합니다. 하나님은 우리에게 최고, 최대를 원하시지 않습니다. 최선만을 원하십니다.

　뉴질랜드 한인 신문에 우리 교회가 소개되고, 현지 기독교 방송에 교회를 소개하며 간증하는 시간을 가졌습니다.

　아름다운교회를 개척하면서 모두들 고생도 많았지만 사람

들은 우리를 '황무지의 개척자들'이라고 격려해 주었습니다. 1994년 순복음신문에서는 '주간 화제' 코너에서 450년 된 교회 없는 마을에 최초의 교회가 세워졌다고 소개하였습니다.

이어서 1996년 2월 21일 극동방송에서 '나의 개척시대'라는 프로에서 우리 교회의 개척 과정을 드라마와 대담으로 엮어 방송하였으며, 1997년 3월 4일에는 '1188 레이다' 프로에 초청되어 대담을 했고, 그 해 11월 30일부터 12월 31일까지 한 달 동안은 '주님과 이 아침을'이라는 QT 프로를 우리 교회에 맡겨 주었습니다.

나와 우리 성도들이 날마다 진행한 이 프로는 이후 대전, 마산, 창원 극동방송을 통해서도 한 달간 방송되었습니다.

이 땅에 유능한 많은 목사가 있고, 은혜로운 교회가 있는데 어찌하여 보잘껏 없는 나와 우리 교회가 이렇게 주목을 받고 영광을 얻을 수 있었겠는가 생각해 볼 때 '오직 하나님의 은혜'라고 고백할 수 밖에 없었습니다.

세상적인 성공을 멀리 하고, 하나님 나라를 추구하며 이 세상 삶에 초연한 듯 죽음을 말하던 나에게 더욱 구제적으로 죽음을 경험할 수 있는 사건이 벌어졌습니다.

죽음의 그림자

1999년 3월 19일, 아내와 우리 교회 다섯 명의 전도사들과 함께 적십자 병원에 가서 검진을 받았습니다. 목적은 장애자 진단을 받아 휘발유 차를 가스차로 바꾸기 위한 서류 준비 때문이었습니다.

나는 오른쪽 팔목에 장애를 가지고 있습니다. 어릴 때 철봉을 하다가 떨어져 위골 되었는데 치료하지 않고 그대로 두었기 때문에 생긴 것이었습니다. 의사들의 판단으로는 수저질도 할 수 없을 정도의 심각한 수준이었습니다. 그런데도 그럭저럭 지내 왔습니다.

병원 측에서 제안을 했습니다.

"목사님, 이제 나이도 있고 하니 기왕 온 바에 종합 검진을 하는 것이 어떻겠습니까?"

그렇지 않아도 건강 진단을 받아 보아야겠다고 생각하고 있었던 차에 마침 잘됐다 싶어서 제안에 응했습니다. 검사 결과 폐에 이상이 발견되었습니다. 그동안 징조가 없었던 것은 아니었습니다. 마른기침을 자주 했었는데 감기 정도로 생각했습니다. 몇 차례 숨이 멈춰지는 일도 있었습니다.

양상기 박사는 다시 정밀검사를 하자고 했습니다. 3월 22일 검사를 하고 26일 그 결과가 나왔는데 폐 결절이었습니다. 좌측 7, 8 갈비뼈 사이에 결핵 아니면 암으로 여겨지는 무언가가 있는 것으로 판정되었습니다. 결핵 세균 검사 결과는 무반응 판정이 나왔습니다. 그러므로 병원 측에서는 거의 90퍼센트 암으로 예상했습니다. 다시 CT 촬영을 해 보았지만 결과는 마찬가지였습니다.

너무나도 충격적인 일이었습니다.

"내가 암에 걸리다니……."

문득 어느 교인의 말이 떠올랐습니다.

"목사님은 암 환자들과 너무 가까이 지내는 것 같아요. 그러다가 암에 걸리면 어떻게 하시려고 그래요."

나는 암에 걸린 교인들의 임종을 지켜보면서 더 이상 함께 아픔을 나눌 수도 없게 되었습니다.

생사의 갈림길에서

나는 교인들이 동요할까 염려되어 교역자들에게 소문을 내지 않도록 했습니다. 형제들에게도 알리지 않았습니다. 아내와 아이들은 무슨 말을 해야할 지 몰라 불안한 눈길로 내 눈치만 보았습니다.

암 선고를 받고 난 이후 나는 육체적으로 하루하루 죽어가고 있는 것 같았습니다. 감정이 수시로 요동하고 영적인 면에서도 혼란스러웠습니다.

"왜 나에게 이런 일이 일어나야 하는가?"

얼른 현실을 받아들이기 어려웠습니다. 어짜피 돌아갈 인생이지만 지금은 때가 아니라는 생각을 했습니다. 교회를 위해서도 그렇고, 아직도 내 손길이 필요한 가족들을 위해서라도 살아야 한다는 생각을 했습니다. 나는 마음을 추스리기 위해 안간힘을 썼고, 믿음을 지키기 위해서도 분투했습니다.

3월 28일, 나는 교인들에게 건강을 위한 기도를 부탁했습니다. 3월 29일부터 고난주간이 시작되었습니다. 금식하면서 기도하던 중 말씀을 받았는데 개척 당시 주신 이사야 41장 15～16절의 말씀이었습니다.

보라 내가 너로 이가 날카로운 새 타작기계를 삼으리니 네가 산들을 쳐서 부스러기를 만들 것이며 작은 산들로 겨 같게 할 것이라 네가 그들을 까부른즉 바람이 그것을 날리겠고 회리 바람이 그것을 흩어버릴 것이로되 너는 여호와로 인하여 즐거워하겠고 이스라엘의 거룩한 자로 인하여 자랑하리라

나는 말씀을 묵상하면서 하나님께서 아직 나를 부르실 때가 아니라는 생각했습니다. 하나님의 사람은 사명이 끝나기 전에는 절대로 죽지 않습니다. 사명이 끝나야 죽습니다. 이것이 나의 믿음이었습니다.

나는 마음속으로 외쳤습니다.

"그렇다. 주님 보시기에 내가 세상에 남아 할 일이 있다면 죽지 않는다."

3월 30일, 하나님께서는 다시 예레미야 1장 4～10절까지의 말씀을 주셨습니다.

내가 너를 복중에 짓기 전에 너를 알았고 네가 태에서 나오기 전에 너를 구별하였고 너를 열방의 선지자로 세웠노라…….

3월 31일에는 이사야 44장 1～5절의 말씀을 주셨습니다.

나의 종 야곱, 나의 택한 이스라엘아 이제 들으라 너를 지으며 너를 모태에서 조성하고 너를 도와줄 여호와가 말하노라 나의 종 야곱, 나의 택한 여수룬아 두려워 말라 대저 내가 갈한 자에게 물을 주며 마른땅에 시내가 흐르게 하여 나의 신을 네 자손에게, 나의 복을 네 후손에게 부리리니

하나님께서는 계속해서 말씀으로 힘을 주셨습니다. 하나님의 말씀이 주어질 때마다 마음속의 두려움이 물러났습니다. 내가 고통 중에 있을 때 나에게 다가온 하나님은 '위로의 하나님' 이셨습니다.

그러나 순간 순간 두려움이 엄습했습니다. 그 때마다 나는 무서운 영적인 투쟁을 해야 했습니다. 우리 교인들은 나를 위해 계속 기도회를 가졌습니다. 교인들의 기도 소리 또한 나에게 큰 힘이 되었습니다. 근심과 절망은 강력한 기도의 에너지로 변화되어 폭발하였습니다.

31일, 3일 금식을 끝내고 우리 교회 뮤지컬 선교단과 함께 고양시청 문예회관에서 열린 '제1회 고양시 경로공연 축제'에 참여했습니다. 죽음을 향해 한 걸음 한 걸음 다가가는 노인들의 모습이 예사로 보이지 않았습니다.

4월 1일에는 교회를 소개하겠다는 국민일보 기자의 취재 요청에 의해 인터뷰를 했습니다.

"이제 갈 사람이 무슨 인터뷰……?"

별로 흥이 나지 않았습니다. 그러나 그 동안 교회 없는 마을에 교회를 세우겠다는 일념으로 나를 신뢰하며 따라온 교

인들을 생각해서 인터뷰에 응했습니다. 아름다운교회가 나의 수고만으로 이룩된 교회가 아니라는 생각 때문이었습니다.

주님의 뜻이라면

나는 짜여진 일정에 따라 평소와 다를 바 없이 활동했습니다. 사람들 앞에서는 갈등을 감추고 담담한 모습을 보여 주었지만 속으로는 착잡하기 그지없었습니다. 매달려야할지 포기해야할지 만감이 교차했습니다.

"주님의 뜻이라면……."

나는 삶과 죽음이 하나님 손에 달려 있음을 믿고 죽음까지도 수용하려고 애를 섰습니다. 조금씩 마음이 정리되었습니다. 남은 날이 얼마가 될지는 모르지만 그 동안 할 수 있는 일들이 무엇일까 하나 하나 짚어 보았습니다.

그러면서 가장 귀하게 생각되는 것은 마지막 순간까지 가족들과 교인들을 위해 기도하는 일이었습니다. 나는 제자들을 남기고 세상을 떠나는 예수님의 심정으로 나를 믿고 따르는 교인들을 위해 기도했습니다.

죽음의 길은 누구도 같이 갈 수 없는 길입니다. 혼자 걷는 길, 나는 그 길을 걸어가면서 불치의 병이 환자의 마음에 얼마나 큰 고통을 주는지 알게 되었습니다. 하루가 십 년과 같았습니다. 나는 외롭고 고독했습니다. 나는 그 때 겪은 절대적 고독감을 결코 잊을 수 없습니다.

'이제 죽는구나' 생각하니 죽음 앞에서 모든 것이 의미가 없었습니다. 소유가 무슨 소용이며, 다툼이 다 무슨 소용이냐는 생각이 들었습니다. 목사로서 하나님 앞에 설 때 어떤 판단을 받게 될지를 생각해 보았습니다.

"너는 세상에서 무엇하고 왔느냐?"

하나님께서 물으실 그 한가지 질문이 온통 내 생각을 사로잡았습니다. 그러면서 나는 무엇이 삶을 삶답게 하는지 알게 되었습니다. 바로 죽음이었습니다. 나는 성자들의 영성과 삶을 조금 이해할 것 같았습니다.

죽음으로부터의 자유

마음을 비우고 나니 한결 마음이 홀가분해졌습니다. 사람들이 종종 '마음을 비웠다'는 말을 하는데 대개 욕심을 버렸다는 뜻으로 그 말을 합니다. 그러나 내가 마음을 비웠다는 것은 생사의 소유권을 하나님께 넘겨 드렸다는 의미입니다.

욥이 재앙을 만났을 때 고백하기를 "주신 자도 여호와시요 취하신 자도 여호와시오니 여호와의 이름이 찬송을 받으실지니이다"(욥 1:21)라고 했습니다.

그 동안 나는 교인들에게 "그리스도인은 생사화복 모든 것을 주님께 맡겨야 한다"는 말을 많이 했습니다. 이제 그 말에 내가 반응해야 했습니다. 이성적으로는 간단하지만 본능을 다스리는 일은 단순하지 않았습니다.

나의 생명, 그리고 내가 책임져야 할 것처럼 생각하던 가족들의 앞날을 주님께 넘겨 드리고 나니 마음의 갈등이 사라지고 평안과 자유함이 찾아 왔습니다. 요동하던 마음이 호수 같이 잔잔해졌습니다. 홀가분하게 떠날 수 있을 것 같았습니다.

그 무렵 지방회의 정기 총회를 맞이했습니다. 나는 우리 교회에서 지방회 모임을 하기로 하고 풍성하게 음식을 준비하여 회원들을 대접했습니다.

신임 임원이 되어 교제의 시간을 갖기 위해 다 함께 설악산 콘도에서 머물며 며칠을 지냈습니다.

비교적 가깝게 지내는 그들에게도 나의 형편을 알리지 않았고 내색조차 하지 않았습니다.

주님의 은총을

4월 12일 적십자 병원에서 세브란스 병원으로 옮겨 수술을 받기로 했습니다. 수술해 봐야 소용이 없는 줄 알고 있었던 나는 별 기대가 없었습니다. 그런데 그 날, 지인숙 집사가 주도하는 한국 크리스천 뮤지컬 연구원 개원 예배, 교인 가정의 추도 예배가 있어 병원에 가지 못했습니다.

그 다음날 세브란스 병원에 가보니 오전에는 내가 원했던 의사의 진료 시간이 없었습니다. 그래서 오후에 진료하기로 시간을 정하고 남는 시간을 이용하여 신촌 방사선과의원에 계신 하해구 원장에게 상담을 했습니다.

X-Ray와 CT촬영 사진을 보여 주면서 판독을 요청하자 그는 내가 목사인 것을 알고 너무 가슴 아파하면서 다시 한번 찍어 보자고 했습니다. 거짓말처럼 아무 이상이 없었습니다. 크리스천인 하 원장은 놀라워하며 검사 결과 용지에 이렇게 적어 주었습니다.

Thanks. Hallelujah!! 主님의 은총을……

Dr. 하해구 拜

오후에 진료 약속이 되어 있던 세브란스 병원에 갔습니다. 역시 그곳에서의 검사 결과도 아무 이상이 없었습니다. 이상이 없는 것이 좋으면서도 나는 의사에게 반문을 했습니다.

"오진을 한 것이 아닙니까?"

그러나 의사는 정색을 하며 대답했습니다.

"사람은 틀릴 수 있지만 기계는 거짓말을 하지 않습니다."

이 일을 어떻게 설명해야 하겠습니까? 기적이라는 말 외에 무슨 말을 할 수 있겠습니까? 하나님은 간절한 기도에 응답해 주셨습니다.

교회 체육대회가 있던 5월 5일, 자주 마른 기침을 했습니다. 교인들이 염려가 되었던지 강권하여 서울대학병원에 접수시키고 계속 정기 검진을 받도록 했습니다. 아무 이상이 없었습니다.

나는 죽고자 했으나 다시 살게 되었습니다. 불과 한 달이었지만 나는 죽음에 직면해서 인생을 정리하는 기회를 가져 보았습니다. 나는 마음으로 죽은 자였습니다. 지금 내가 사는 것은 덤으로 사는 것입니다.

퀴블러 로스는 말기 환자가 임종에 이르기까지 갖게 되는 심리 단계를 부정, 분노, 타협, 우울, 수용의 다섯 단계로 설명했습니다. 이 단계가 정확하게 순서대로 다가오는 것은 아니지만 대개 이런 단계를 거친다고 합니다.

나는 잠시 죽음에 직면해서 갈등했던 경험을 통해 이 다섯 단계의 상태를 분명히 이해할 수 있게 되었으며, 말기 환자들을 대할 때 그들의 상태에 따라 적절히 대응할 수 있게 되었습니다.

죽음에 대한 경험은 목회자로서의 가슴을 넓히는 계기였고, 돌아보니 결국 하나님의 은혜였습니다. 이런 점에서 나는 형통함 뿐 아니라 곤고함 역시 하나님이 허락하신 은혜임을 고백하지 않을 수 없었습니다.

고통의 열매

남편을 위해 눈물로 기도하면서 흔들리지 않고 꿋꿋하게 사모의 자리를 지켜온 아내는 내가 완치된 후 어느 날 이렇게 간증했습니다.

주님께서는 저에게 기쁨을 나눌 수 있는 은사를 주셨습니다. 예수님의 오병이어 기적을 보면 떡 다섯 개와 물고기 두 마리로 오 천 명을 먹이시고 남은 것이 열 두 광주리라고 했는데 그러한 기적이 우리 아름다운교회에서도 일어나고 있습니다. 없는 가운데서도 주일마다 성도들에게 풍성하게 먹이고 나면 주님께서는 부족한 것을 채워 주십니다. 또한 아무리 힘들고 어려운 일이 닥칠지라도 주님께서는 모든 것을 빈틈없이 준비해 주시고 인도해 주십니다. 그리하여 항상 근심과 두려움 없이 주님의 역사 하심으로 살아가고 있습니다.

작년은 나의 힘으로는 견디기 힘든 해였습니다. 그것은 목사님께서 폐암이라는 진단을 받은 일입니다. 상상도 못한 일이라 마음이 너무나 어려웠습니다. 목사님께서는 병원에서 병이 발견되자마자 강단에서 "나의 건강을 위하여 기도해 달라"고 하셨습니다. 그날부터 목사님을 비롯하여 온 교인이 철야 기도회, 금식기도회, 낮 기도회 등 기도회 때마다 부르짖기 시작했습니다.

'왜 하나님께서는 우리 가정에 이렇게 큰 고통을 주시는가? 지나간 세월동안도 어려움을 겪으며 많은 연단을 받았는데 아직 무엇이 부족해서 이런 연단을 받아야 하나?' 짜증도 내고 싶고 하나님께 원망도 하고 싶었지만 사모라는 직책 때문에 그렇게 하지도 못했습니다. 고통을 참고 견디며 아무 일 없는 것처럼 하루하루를 지냈습니다.

그러던 어느 날 하나님께서 사랑으로 저를 위로해 주셨습니다. 마음에 빛으로 임하신 주님은 저에게 요한복음 8장 12절 말씀을 주셨습니다.

"예수께서 또 일러 가라사대 나는 세상의 빛이니 나를 따르는 자는 어두움에 다니지 아니하고 생명의 빛을 얻으리라"

기도 가운데 들려주신 주님의 음성은 저에게 큰 위로가 되었습니다. 또한 주님께서는 저희 아이들에게도 평안을 주셨습니다. 온 교인들과 합심하여 하루하루 기도하며 지내던 어느 날 우리는 기적을 체험하게 되었습니다. 병마가 물러갔습니다. 목사님의 폐암이 간 곳 없이 사라졌습니다. "할렐루야!"

하나님께서는 기쁠 때나 슬플 때나 어려울 때나 힘들 때나 어느 때이건 늘 지켜 주시고 인도해 주십니다. 그러므로 우리에게 어려움이 다가올 때는 오히려 축복의 기회로 삼아야 한다고 생각합니다. 이제는 하나님의 계획하심을 믿고 두려워하지 않을 것입니다. 나의 모든 것을 계획하시고 인도하시는 주님을 사랑합니다.

나만 고통을 겪은 것이 아니라 말없이 아내도 더불어 성숙해지는 은혜를 받았습니다. 그렇습니다. 고난은 성숙을 위한 디딤돌입니다. 사람은 고난을 통해서 하나님의 섭리를 배우며 성숙해집니다.

비록 짧은 기간이었지만 나는 죽음의 문턱을 다녀온 후 욥을 이해하는 깊이를 더할 수 있었습니다. 욥은 그가 잃어버린 재산과 자녀, 아내의 저주와 친구들의 비난과 이웃들의 외면으로 고통을 당했지만 더욱 그를 고통스럽게 했던 것은 하나님의 침묵이었습니다.

그러나 그는 고난 속에서 하나님의 섭리를 이해하는 차원이 깊어 갔습니다. 그는 마침내 "내가 주께 대하여 귀로 듣기만 하였삽더니 이제는 눈으로 주를 뵈옵나이다"(욥 42:5)라고 고백할 수 있었습니다.

대낮에는 하늘의 별을 볼 수 없습니다. 어둠이 깔리면서 하나, 둘 별들이 반짝이기 시작합니다. 어둠이 짙어 갈수록 별

빛은 선명해집니다. 나는 사망의 음침한 골짜기를 지나면서 그 동안 볼 수 없었던 나의 모습을 볼 수 있었습니다. 나는 겸손하려고 했지만 아직도 죽지 않은 나의 교만과 낮아지지 못한 나의 모습이 자꾸 드러나 마음이 괴로웠습니다.

높은 산에 오르거나 비행기를 타고 땅을 내려다보면 마을이 손바닥 보다 더 작아 보입니다. 나라고 하는 존재가 정말 미미하게 느껴집니다.

우리가 살고 있는 지구상에는 60억의 사람들이 살고 있습니다. 그 가운데 나라는 존재는 바닷가의 모래 한 알과 같습니다. 그런데도 우리는 얼마나 잘난 체 하며 삽니까?

우주 속에서의 나는 누구입니까? 지구는 태양계 안에 있는 작은 별 중의 하나입니다. 태양계만 해도 한없이 넓게 여겨지는데, 태양계는 1천억 내지 2천억 개의 별들이 빽빽이 들어 있는 은하계의 한 점에 불과합니다. 태양계는 은하계의 중심에서 무려 3만 광년이나 떨어져 있습니다. 그런데 이 은하계도 우주 속에서는 한 점일 뿐입니다.

우주의 광대함은 우리의 이성을 마비시킵니다. 이 우주 속에서 나는 도대체 어떤 존재입니까? 차라리 없다고 말하는 것이 나을 것 같습니다. 내가 가진 것이 무엇이고, 내가 아는 것이 무엇입니까? 할 말이 없습니다. 그런데 우리는 이 우주의 창조자이신 하나님 앞에 얼마나 무례합니까?

티끌만도 못한 인간이 감히 하나님까지 대적할 정도이니 인간의 교만은 정말 끝이 없습니다. 사람들을 대해 보면 '나는 참 별 볼 일 없는 사람이다' 라고 말하면서도 틈난 나면 자랑이 입에서 흘러나오고 교만이 튀어나옵니다. 그렇다고 나는 얼마나 괜찮은 사람입니까?

이스라엘 백성들을 가장 겸손하게 했던 것은 광야 길을 가야하는 그들에게 준비된 양식이 없고 매일 하늘에서 만나가 내렸던 일입니다. 그들은 하나님을 의뢰하지 않을 수 없었습니다.

하나님만을 바라볼 수 밖에 없는 어려운 시기는 우리를 겸손하게 합니다. 어려운 환경에서 우리의 성품은 드러나며 또한 단련됩니다. 그러한 환경을 통해 우리는 새롭게 겸손히 하나님께 의뢰하는 방법을 배우게 됩니다.

내가 죽음을 생각하면서 얻게 된 또 하나의 유익은 이 세상에 대한 애착이 어떤 것인가를 알게 된 것입니다. 너나 없이 사람들은 현세에 대해 큰 애착을 갖고 있습니다. 신자라고 할지라도 당장 죽는 것이 좋겠다고 말하는 사람은 거의 없습니다.

그러면 사람들이 현세의 삶에 대해 그처럼 커다란 애착을 가지고 있는 이유는 무엇입니까? 영으로 살지 않고 육으로 살기 때문입니다. 육으로 사는 사람에게는 이 세상이 마냥 좋을 수 밖에 없습니다.

끊어야 산다

우리 인간은 어머니의 뱃속에서부터 이 세상에 태어나 하나님 나라에 들어가기까지 끊임없이 성장과 성숙의 길을 걸어갑니다. 이 과정에서 우리가 끊어야 할 세 가지 줄이 있습니다.

첫째는 탯줄입니다.

탯줄은 태아의 태내 생활에 필요한 산소와 영양을 공급하는 통로이며 성인의 기도(氣道)와 식도(食道)에 해당됩니다. 탯줄은 엄마 뱃속에서 필요한 것입니다. 이 세상에 나왔으면 탯줄을 끊어야 합니다. 그래야 새 생명의 삶이 시작됩니다.

둘째는 부모의 줄입니다.

결혼은 장성한 자녀들이 부모를 떠나 배우자와 한 몸을 이루는 것입니다. 지금까지 낳아서 길러주신 부모 곁을 떠난다는 것은 쉬운 일이 아닙니다. 이별의 아픔을 겪어야 하고 독립의 결단과 새로운 모험에 대한 각오를 해야 합니다. 부모를 떠날 때 새로운 가정이 탄생합니다.

셋째는 세상의 줄입니다.

성경은 "이 세상에 있는 모든 것이 육신의 정욕과 안목의 정욕과 이생의 자랑이니 다 아버지께로 좇아 온 것이 아니요 세상으로 좇아 온 것이니라"(요일 2:16)고 말합니다. 육신의 정욕, 안목의 정욕, 이생의 자랑을 끊어 버려야 합니다. 그래야 영원한 생명을 얻습니다.

예수님은 "사람이 온 천하를 얻고도 제 목숨을 잃으면 무엇이 유익하리요"라고 하셨습니다. 이 말씀은 우리 인생에서 진정으로 버려야 할 것이 무엇인가를 가르쳐 주시고 다 놓쳐

버리더라도 꼭 붙들어야 할 것이 무엇인가를 가르쳐 주는 것입니다.

그런데 세상 줄은 좀처럼 끊어지지 않습니다. 하나님의 자녀로 거듭났어도 세상을 사랑하는 마음을 끊어 버리지 못해 형식적인 교인, 내지는 종교인으로 머무는 경우가 얼마나 많습니까?

종교 개혁자 칼빈은 하나님이 그리스도인들에게 여러 종류의 고난을 주시는 것은 현세에 대해 과도한 애착을 갖지 못하도록 하기 위함이라고 했습니다. 그의 통찰력이 빛납니다.

하나님은 우리 삶에 빈곤, 질병, 흉년, 화재, 강도, 전쟁 등의 재난과 재앙들을 주심으로써 우리가 이 세상에서 깊고 든든한 평안을 누리지 못하도록 하십니다. 우리에게 각종 시련과 어려움들을 보냄으로써 우리가 "내 영혼아, 여러 해 쓸 물건을 많이 쌓아 두었으니 평안히 쉬고 먹고 마시며 즐거워하자"고 말했던 저 어리석은 부자처럼 허리띠를 풀고 태만한 생활을 하지 못하게 하십니다.

때로는 악처나 탈선 자녀를 주셔서 가정생활을 마음껏 즐기지 못하게 하십니다. 때로는 사랑하는 가족을 데려가심으로 그들을 슬프게 하시고, 그들의 교만을 꺾으십니다. 고통과 고난을 만날 때 인간은 현세의 모든 것이 다 무상하고 허무한 것임을 깨닫고 그 줄을 끊을 수 있게 됩니다.

출생과 임종의 모습에서 얻어지는 교훈이 있습니다. 사람은 태어날 때 두 손을 꼭 쥐고 태어납니다. 의욕과 야심의 표시입니다. 세상 사는 동안 열심히 일하고, 돈을 벌고, 지식을 얻고, 권세를 얻습니다. 그러나 떠날 때는 손을 펴고 갑니다.

무엇을 교훈하고 있습니까? 우리 모두 빈손으로 가야 함을 암시하는 것입니다. 우리가 붙잡은 것 같아도 사실은 하나도 잡은 것이 없습니다. 죽을 때는 가지고 있는 재산이 수백 억이라고 할지라도 동전 하나 가지고 가지 못합니다.

죽음은 우리 삶의 한 과정입니다. 아무리 외면하고 부정하려고 해도 죽음은 내 삶의 일부입니다. 죽음은 분명한 현실입니다. 죽음은 우리가 살아 있다는 그것보다 더 확실한 현실 중의 현실입니다.

많은 사람들이 죽음은 나와 전혀 관계가 없는 것처럼 살아가고 있지만 다른 사람들에게 찾아갔던 죽음은 언젠가 당신에게도 오고야 말 것입니다. 영생 길을 가는데 있어서 당신을 붙들고 있는 것이 있습니까? 그것이 무엇입니까? 영생보다 중요한 것은 없습니다

출생과 임종의 모습에서
얻어지는 교훈이 있습니다.
사람은 태어날 때 두 손을 꼭 쥐고 태어납니다.
의욕과 야심의 표시입니다.
세상 사는 동안 열심히 일하고,
돈을 벌고, 지식을 얻고, 권세를 얻습니다.
그러나 떠날 때는 손을 펴고 갑니다.
무엇을 교훈하고 있습니까?
우리 모두 빈손으로 가야 함을
암시하는 것입니다.

제 2 장

죽음은 끝, 그러나 시작

다양한 죽음관

올바른 죽음 이해

성도의 죽음

소유권 이전

다양한 죽음관

죽음은 시간적인 차이나 문화적인 차이에 따라서 그리고 사회적 역사적 배경의 차이에 따라서 그 모습을 달리합니다. 동양과 서양이 다르고, 같은 동양권이라고 해도 많은 차이가 있습니다.

이슬람을 배경으로 하고 있는 사람들과 힌두교를 배경으로 하고 있는 사람들의 죽음관이 다릅니다. 특히 중국과 일본과 한국은 다같이 유교나 불교 문화를 배경으로 하고 있음에도 불구하고 많은 차이점을 가지고 있습니다. 무엇이 어떻게 다른지 간단히 살펴보려고 합니다.

중국인의 죽음관

중국 사상에서 두 갈래의 조류는 유가와 도가입니다. 이 두 사상은 종교와 문화에 가장 큰 영향력을 끼쳤습니다. 이 둘은 정반대의 성격을 띠고 있습니다. 중국 사람들은 출세하면 유가가 되고 곤경에 빠지거나 어려움과 실패로 좌절되고 괴로움을 겪고 있을 때는 도가가 된다는 말이 있습니다.

유교의 시조인 공자는 영혼불멸이라든지 사후세계에 대해서 별로 가르치지 않았습니다.

어느 날 공자의 제자 자로가 스승에게 귀신 섬기는 도리에 대해 물었습니다. 그러자 공자는 "사람 섬기는 도리도 아직 모르거늘, 어찌 귀신 섬기는 도리를 알 수 있겠느냐?"(未能事人 生焉事鬼)라고 대답했습니다. 자로는 다시 죽음에 대해 물었습니다. 역시 공자는 "아직 생을 알지 못하거늘, 어찌 죽음을 알 수 있겠느냐?"(未知生焉知死)라고 대답했습니다.

공자의 평생 관심은 이 세상에서 어떻게 바로 살 것인가에 대한 것이었고 죽음의 문제까지 생각할 겨를이 없었습니다.

유교는 대가족 제도의 통일과 조화를 유지하는 사회적 원리였으며, 국가의 안정을 유지하는 정치적 원리였습니다. 그래서 하나의 국가 종교적인 역할을 해왔습니다. 그런데 세월이 흐름에 따라 민간 신앙의 영향을 받으면서 점점 종교의 요소를 포함하게 되었습니다.

유교의 핵심은 조상숭배입니다. 유교를 종교의 범주에 넣고 있지만 사실 조상숭배를 제외한다면 유교는 종교적인 요소가 미약한 편입니다. 유교는 현실적인 윤리 도덕의 문제에 집중하고 있습니다. 따라서 중국은 내세보다는 현실 세계를 지향하는 문화가 꽃피워졌습니다.

공자의 주요 관심이 사람이었는데 비하여, 도가의 창시자인 노자의 주요 관심은 우주의 신비와 자연에 관한 것이었습니다. 그의 사상에서 중심 원리가 되고 있는 것은 도(道)입니다. 도는 초월적인 존재로서 헬라의 로고스 개념과 비교될 수 있습니다.

도가의 또 한 사람은 중국이 낳은 가장 위대하고 심오한 철학자인 장자인데 그는 다른 사람들이 손을 댄 일조차 없는 영혼과 불멸의 문제, 존재의 본질과 지식의 본질이라는 문제와 씨름을 하였습니다.

장자는 삶과 죽음이라는 것은 단지 같은 물건의 서로 다른 양태에 불과하다고 했고, 죽음에 있어서 영혼이 육체를 떠나는 것은 아마도 고향으로의 대 여행이라는 결론을 강조했습니다.

장자의 임종을 맞아 그의 제자들은 화려한 장례 준비를 의논했습니다. 이 때 장자는 제자들에게 이렇게 이야기를 했습니다.

"그럴 필요 있느냐? 내가 죽거든 천지를 관으로 삼고 해와 달은 관벽으로 삼고 별들을 진주 삼으며 만물이 예물이거든 이보다 더 훌륭한 장례식이 어디 있더냐?"

제자들은 극구 만류했습니다.

"그러시면 스승님의 시신은 까마귀나 독수리에게 파 먹힙니다."

장자는 대답했습니다.

"지상에서 그들에게 먹힌다면 지하에서는 개미에게 먹힌

다. 너희는 어째서 까마귀 입에서 빼앗아 개미에게 먹이려 하느냐. 죽음도 자연이다. 육체의 소멸과 변화는 대자연이 처리하도록 맡겨 두어라."

장자는 죽음을 아무 것도 아닌 것으로 너무 무관심하게 다루고 있습니다.

그는 지북유(知北遊) 편에서 "우리가 싫어하고 있는 것은 썩어 버리는 죽음이다. 그러나 썩어 버리는 것이 다시 변화하여 신비스런 삶이 되고, 신비스런 삶이 다시 변화하여 썩어 버리게 되는 것이다"라고 했습니다.

도교에는 신비적인 요소가 많습니다. 후한(後漢) 말 이후 민간에서는 도교의 영향으로 옥황상제를 비롯하여 염라대왕 등 많은 귀신들이 사후 세계를 관장한다고 믿었습니다. 당(唐) 이후에는 불교의 영향으로 전생(前生), 현생(現生), 내생(來生)이 있고, 이는 인과응보(因果應報)의 원리에 따라 윤회한다는 사고가 널리 퍼지기도 했습니다.

복잡하고 긴 역사와 문화를 가진 중국인의 죽음관을 간단히 이렇다고 말하기는 어렵습니다. 중국의 대사상가 임어당의 말을 빌리려 합니다. 그는 「이교도에서 기독교도로」라는 책에서 "중국인들은 추상적인 개념에는 소질이 없다고 나는 생각한다"고 했고, "중국인들의 사고 방식에는 아주 적은 추상이 있거나 또는 전혀 없기 때문에 그들은 결코 생활의 둘레를 벗어나는 일이 없다"고 했습니다.

정리하면 일반적으로 중국 사람들은 죽음을 태어난 자연으로 돌아가는 것이라고 생각하면서 임어당이 지적한대로 현실적이라고 말할 수 있습니다. 지금은 중국이 유물론을 바탕으로 하는 공산주의 국가이기 때문에 아마 더욱 그럴 것입니다.

일본인의 죽음관

2001년 미국의 ABC방송은 "경제적인 풍요를 누리고 있는 선진국인 일본에서 지난해만 31,957건의 자살 사건이 발생했다" 면서 "하루치로 환산하면 100명에 가까운 충격적인 결과" 라고 보도한 적이 있습니다.

일본은 자살 건수에 있어서 미국과 비슷하지만 미국 인구가 일본 인구의 두 배 이상인 점을 감안하면 대단히 높은 수준입니다. 일본의 자살율은 세계 최고 수준이며 특히 스스로 목숨을 끊는 사람의 약 70퍼센트가 남성이고 이들의 자살 이유는 대부분 우울증으로 알려져 있습니다.

서양 사람들은 우울증을 '마음의 감기' 라고 생각하고 자연스럽게 전문적인 치료를 받습니다. 그러나 일본의 사회적 분위기는 우울증을 '유약함' 의 징표로 인식하고 있습니다.

우리도 그렇지만, 체면을 중시하는 일본인, 특히 일본 남성들은 어려울 때 다른 사람에게 도움을 청하지 않고 자살이라는 극단적인 방법을 택하게 되고 그들의 우울증은 자살로 이어지게 된다고 정신과 전문의들은 말합니다.

그러면 일본 사람들이 이렇게 죽음을 쉽게 생각하는 까닭은 무엇일까요? 일본의 문화는 죽음의 문화라고 할 수 있습니다. 일본인에게 죽음은 멀리 있지 않습니다. 늘 가까이 있습니다.

풍토에 의해서 사상과 문화가 결정된다는 자연주의 문화론의 관점에서 볼 때 일본 땅에 지진이 많은 것도 배경이 될 수 있고, 생명 신성시의 관념이 없는 신도(神道) 또한 한 요인으로 지적되고 있습니다.

무엇보다도 일본인의 죽음의 문화를 확고히 다져놓은 것은 사무라이 문화입니다. 일본의 무사, 사무라이는 배를 주릴망정 명예에 죽고 사는 것을 좌우명으로 삼았습니다.

일본인에게 죽음은 우리가 생각하는 슬픔이 아니라 체념을 의미합니다. 그것은 큰 것을 위해서는 죽어도 된다는 사무라이 정신에 출발한 것입니다.

일본 사람들은 벚꽃을 무척 좋아합니다. 그 이유는 한꺼번에 피었다가 순식간에 사라져 버리는 깨끗함 때문이라고 합니다. 벚꽃의 피고 짐에서 그들이 자랑스럽게 여기는 사무라이의 기질을 볼 수 있습니다.

일본 사람들은 충성과 희생을 중시하는 사무라이 정신에 의해 죽음이 필요하면 벚꽃처럼 깨끗하게 죽는 것을 미덕으로 여겼습니다. 그들이 할복하는 이유는 인간의 영혼이 배에 깃든다고 믿었기 때문입니다. 따라서 그들은 할복을 진정한 죽음으로 인식했습니다.

어느 잡지에 실린 일본 구 육군 보병가에 "일본 남아로 태어났으면 싸우는 전쟁터에서 사쿠라처럼 져라"는 내용을 본 적이 있습니다. 우리에게는 벚꽃이 아름답게만 느껴집니다. 벚꽃이 바람에 날리면 꿈속을 헤매는 듯한 느낌을 갖지만 일본인들에게는 벚꽃이 죽음의 이미지로 다가옵니다.

사무라이 기질은 태평양전쟁 당시의 가미가제(神風) 특공대에서 발견됩니다. 그들은 목표 지점까지의 연료뿐인 비행기를 몰고 적항에 돌진하여 깨끗이 산화했습니다. 목숨을 던질 때는 '앗사리' 던져야 하는 것이 사무라이의 룰입니다.

사무라이 문화는 오늘날 그들이 만든 문화물 곳곳에 스며 있습니다. 우리가 일본 문화를 위험하게 보는 이유 중의 하나는 그들의 영화, 만화, 컴퓨터 게임, 문학 작품에 성 문제, 폭력 등도 있지만 너무나도 쉽게 나오는 죽음의 장면 때문입니다. 일본 문화물의 절정에는 죽음이 최대로 미화됩니다.

기독교 문화인 서양에서의 죽음은 다시 살아나는 부활의 이미지를 갖고 있습니다. 그러나 일본인은 사망을 '나쿠나루 모노' (失亡: 없어지는 것)이라고 합니다. 그야말로 끝나는 것입니다. 그래서 시신에 대한 기대는 아무 것도 없습니다. 그래서 불로 태워서 뿌립니다. 그것으로 끝입니다.

한국인의 죽음관

우리 나라에 불교가 들어온 것은 삼국시대입니다. 이후 통일신라를 거쳐 고려 때까지 불교가 국교로서 꽃을 피웠고, 조선시대에는 유교가 꽃을 피웠습니다. 유교는 중국에서보다 오히려 한국에서 더 찬란하게 꽃을 피웠습니다.

1885년 4월 5일, 부활절 주일 아침에 복음을 들고 찾아온 미국 선교사 아펜젤러와 언더우드가 인천항에 처음으로 발을 디딛지 어언 1백년이 훨씬 넘는 세월이 흘렀지만 워낙 불교, 유교 문화의 뿌리가 깊어 아직까지 기독교는 문화적인 큰 영향력을 나타내지 못하고 있습니다.

오늘날 불교, 유교, 기독교가 형식적으로는 우리 나라의 종교와 문화를 대표하는 것 같지만 실상은 놀랍게도 우리 나라 사람들의 의식의 밑바닥에는 삼국시대 이전부터 존재했던 토착 신앙인 무속이 자리잡고 있습니다.

무속은 수 천년 동안 잡초처럼 끈질긴 생명력을 가지고 외래 종교와 영향을 주고받으면서 우리 나라 사람들의 생사관에 지대한 영향을 끼치고 있습니다. 각 종교간 뒤얽힘이 심해서 민간에서 행해지는 행위들이 어느 종교에 속한 것인지 일일이 구분하기 어려울 정도입니다.

무속의 세계는 셋으로 나누어집니다. 산 사람이 살고 있는 이승과 완전히 죽은 영들이 살고 있는 저승과 그 중간에 갓 죽은 망령(亡靈)이 거처하는 또 하나의 중간세계가 있다고 합니다.

사람이 죽어서 혼이 곧장 저승으로 가는 것이 아니며 더욱이 억울하게 죽은 원령(怨靈)들이 그러하다고 합니다. 그들은 한번 죽었다고는 하지만 이승에서 산 사람들의 주변을 돌고 있으며 때때로 산 사람들에게 재앙을 가져 온다고 믿습니다. 그렇기 때문에 사람이 죽으면 사령제(死靈祭)를 해서 망령들의 원한을 풀어 저승으로 보내려고 하는 것입니다.

불교와 무교는 저승에 대해 같은 이해를 가지고 있습니다. 외형상의 구조나 기능에 있어서 유사성이 있습니다. 오랫동안 함께 지내 오면서 서로 닮게 되었을 것입니다. 그러나 심판에 관해서는 근본적인 차이가 있습니다.

불교는 철저한 인과응보 사상을 가지고 있습니다. 흔히 사람들이 죽어서 천당에 가든가 지옥에 간다고 말하는데 이것은 도교나 불교의 영향으로 후대에 형성된 관념입니다. 본래 무교에는 이런 개념이 없습니다. 다만 원한 없이 황천(黃泉)을 건너 저승에 가서 평안히 새로운 형태의 삶을 사는 것이 그 전부입니다.

망령이 방황하는 것은 생전에 지은 죄 때문이 아닙니다. 실은 더 오래 살지 못한 원한 때문입니다. 그래서 숨을 거두면 지붕에 올라가 그 사람이 입었던 속옷을 흔들며 '혼 부르기' (招魂)를 했습니다. 속옷을 흔든 것은 옷에 그 사람의 영혼이 깃든 것으로 이해했기 때문입니다.

죽은 자의 혼을 돌아오도록 하는 것은 죽은 자의 원한을 풀어주기 위해서입니다. 원한이 때로는 인간관계에서 비롯될 수 있습니다. 그러나 여기에서 중요한 것은 죽음 자체에 대한 원한입니다. 사람이란 삶을 뜻합니다. 그러므로 사람에게 죽음이란 언제나 한스러운 것입니다. 그러므로 넋두리로 이 억울함을 풀어주고자 하는 것입니다.

무엇이 문제인가?

우리 나라 사람들에게 있어서 저승은 이승의 연결입니다. 육신은 땅에 묻혀도 혼은 가족과 한 집에서 더불어 공존한다고 믿었기 때문에 밥도 더불어 먹고 집안에 대사가 있거나 나들이를 할 때면 반드시 그 앞에 고(告)했던 것입니다.

우리 나라 사람들은 사후 세계를 인정하는 문화 속에 살고 있습니다. 나는 어릴 때 귀신 이야기를 자주 들으며 자랐습니다. 시골에서 자란 사람 치고 귀신 이야기할 때 뒷전에 물러설 사람은 없을 것입니다.

어느 시골에서 목사님이 설교 중에 열심히 지옥 이야기를 했습니다. 그런데 엊그저께 믿은 할머니 한 분이 감탄을 하면서 고개를 연방 끄덕거렸습니다. 이 모습을 본 오래 된 젊은 교인이 놀라서 물었습니다.

"할머니, 믿으신 지 얼마 안 되는데 어떻게 그렇게 잘 알아들을 수 있나요?"

"아니, 이상하네. 나보다 오래 믿은 사람이 이해를 못해서 묻는가? 암 있고 말고. 조상님들이 다 말해 준 것이 아니여? 나는 예수 믿기 전에 이미 지옥과 극락, 천당을 다 알고 있었다고."

"……"

젊은 교인은 할 말이 없었습니다.

사실 지옥 이야기는 우리 나라 사람들에게는 그리 낯선 것이 아닙니다.

절에 가보면 대웅전 옆에 반드시 명부전이나 시왕전이라는 지옥 관련 건물이 있습니다. 거기에는 열 명의 저승대왕(十王)이 불효 죄, 인색 죄, 남 모함 죄, 거짓말한 죄 등 각자 지은 죄에 따라서 죄인을 심판하는 장면이 처참하게 그려져 있습니다.

그 할머니는 불교 또는 도교적인 지옥관을 가지고 기독교의 지옥을 이해한 것입니다. 우리 나라에 복음이 전파될 때 아마 이러한 배경 하에서 사람들이 기독교의 영적 세계를 쉽게 이해했고, 그래서 복음을 잘 받아들였을 것입니다.

그런데 문제는 예수를 믿어도 옛날의 그 생각이 잘 바뀌지 않아 전통적인 내세관을 가지고 성경을 이해하려고 하는 것입니다. 좀 더 포괄적으로 말하자면 성경적인 관점에서 문화를 이해해야 하는데 우리 문화의 관점에서 성경을 보고 이해하려고 하다보니 진리의 변질, 또는 왜곡이 일어나는 것입니다.

우리 나라 교인들은 축복이라는 말이 나오지 않으면 영 은혜를 받지 못하는 경향이 있습니다. 내가 보기에는 교인들의 입맛을 맞추느라고 십자가 설교는 뒷전으로 밀리고 있는 것 같습니다.

'예수 믿으면 구원받는다' 는 복음이 '예수 믿으면 복 받는

다' 는 다른 복음으로 변질되고 있지는 않은지 염려스럽습니다.

무속을 말살하기 위해 상륙했던 기독교가 언제부터인지 모르게 무속의 역풍에 밀려 무속화 되고 있다는 지적을 받고 있습니다. 아니라고 부인할 수 있겠습니까? 복을 부정하는 것이 아닙니다. 순서가 중요합니다. 복은 신앙 생활의 결과이지 목적이 아닙니다.

다시 사후 이야기로 돌아가고자 합니다. 죽은 자의 영혼이 어느 곳에 가서 사느냐 하는데 대해서는 옛날부터 여러 가지 짐작들이 있었습니다. 일반 세상 사람들 생각에는 죽은 자의 영은 그가 죽은 장소, 혹은 매장된 장소에서 머문다고 여겼습니다. 그래서 무덤을 소중히 여겼습니다.

죽은 자가 비록 무덤 속에 있더라도 그의 영혼은 그 속에서 자유로 날아 나와 떠돌아다니는 줄로 짐작했습니다. 이집트 사람들은 죽은 자의 영이 낮이면 새가 되어 날아다니고, 밤이면 무덤에 되돌아온다고 여겼습니다.

한 때 사후 존재에 대한 논란이 벌어졌던 적이 있습니다. 어느 목사님이 불신자의 영혼이 귀신이 되어 떠돌아다닌다는 그릇된 교리를 주장했기 때문이었습니다. 그것은 우리 나라의 전통적 귀신관과 성경의 귀신관을 혼합시킨 것입니다. 지금은 잠잠해졌지만 분별력 없는 수많은 교인들이 몰려 다녔습니다.

혹시나 싶어 이 문제를 정리하고 넘어가고자 합니다. 누가 복음 16장을 보면 부자와 거지 나사로의 이야기가 나옵니다. 거지 나사로는 죽어서 아브라함의 품에 안기고 부자는 죽어 음부에 가게 되었는데 부자가 고통 중에 아브라함에게 요청했습니다.

"아버지여 나사로를 내 아버지의 집에 보내소서 내 형제 다섯이 있으니 저희에게 증거하여 저희로 이 고통받는 곳에 오지 않게 하소서."

그 때 그는 거절을 당합니다.

여기서 알 수 있는 사실은 무엇입니까? 불신자의 사후적 존재는 음부라는 옥에 갇혀 있는 것임을 분명히 말해줍니다. 불신자의 사후적 존재가 자기 뜻대로 돌아다니며 귀신 행세를 한다는 근거는 성경에 한 군데도 없습니다. 우리 민간 신앙에서 말하는 귀신과 성경이 말하는 귀신과는 분명한 차이가 있습니다.

무속에 젖은 사람들은 사람이 죽으면 혼(魂)과 백(魄)으로 갈라져 혼은 하늘로 올라가고 백은 땅으로 내려 간다고 믿고 있습니다. 그리고 하늘로 올라간 혼이 거처할 곳을 얻지 못하고 떠돌아다니다가 그 후손들이 정성을 다해 제사를 지내면 죽은 조상의 혼과 백이 연합해서 사후에도 안정된 삶을 지속한다고 믿고 있는 것입니다.

하지만 성경의 입장은 다릅니다. 성경은 제사에 대해 무엇이라고 말합니까? "대저 이방인의 제사하는 것은 귀신에게 하는 것이요 하나님께 제사하는 것이 아니니 나는 너희가 귀신과 교제하는 자가 되기를 원치 아니하노라"(고전 10:20)고 했습니다.

제사는 귀신에게 하는 것입니다. 그러면 귀신의 존재는 무엇입니까? 귀신들은 사후의 영혼들이 아닙니다. 사단의 수하에 있는 타락한 천사들일 뿐입니다. 사람들이 사후 존재를 믿고 조상을 신으로 섬기는 일은 거짓말쟁이요 사기꾼인 사단에게 속는 일입니다(고후 11:13, 14).

사무엘상 28장을 보면 사울이 신접하는 여인을 통해서 사무엘을 불러들이는 기사가 나옵니다. 성경에는 일률적으로 죽은 혼을 부르는 것은 허용되지 않고 분명하게 금지하고 있기 때문에 이 경우도 마찬가지입니다. 사단이 속임수를 써서 사울로 하여금 사무엘의 혼이 나타난 것처럼 보이게 한 것입니다.

죽음 이후

사람들이 죽은 후 영혼들이 떠돌아다니지 않는다면 영혼들은 어디로 갑니까? 성경은 죽음 이후의 세계를 두 곳으로 구분하고 있습니다. 한 곳은 음부(지옥)이고 또 한곳은 낙원(천국)입니다. 이 두 곳 외에 다른 곳은 없습니다.

이 사실을 무엇으로 증명할 수 있느냐고 묻는 사람이 있습니다. 그것을 증명하려면 죽어보면 됩니다. 죽음을 경험해 보지 않고는 증명할 길이 없습니다. 그렇기 때문에 하나님 말씀

외에 다른 어떤 것을 가지고도 이야기할 수 없습니다.

요즘 전생 체험에 대한 프로그램이 공공연히 TV에 소개되기도 합니다. 그런데 안타까운 것은 많은 사람들이 전생 체험을 사실인 것처럼 받아들이는 것입니다. 우리 나라 사람들이 전생의 관념을 자연스럽게 받아들이는데는 문화적인 배경이 있습니다.

힌두교에서는 이 세상에서의 고난은 전생의 죄 값 대신에 받는 것이라는 인과율(因果律)의 교리로써 고난을 해석합니다. 이러한 사상을 표현하는 말이 카르마(karma)인데 우리말로는 업(業) 또는 인과응보로 표현됩니다.

힌두교는 씨를 뿌리면 뿌린 대로 거둔다는 인과율의 법칙을 전 삶의 영역에 적용하는 기계적인 세계관을 가지고 있습니다. 이로 인해 힌두교 사람들은 현세의 고통을 전생에서의 업보 때문이라고 받아들이고 다음 세상에서의 더 나은 삶을 기대하며 자신의 처지를 원망하거나 한탄하지 않고 묵묵히 받아들입니다.

힌두교의 카르마 사상은 불교에서도 동일하게 나타납니다. 오랫동안 불교 문화 속에 살아온 우리 나라 사람들의 무의식 속에는 인과응보, 윤회의 사상이 깔려 있습니다. 그렇기 때문에 현실에서 이해할 수 없는 고통을 당하면 "내가 전생에 무슨 죄를 지어서 이런 어려움을 당하는가?"라고 묻습니다.

성경에는 힌두교나 불교에서 말하는 윤회나 전생의 개념이 없습니다. 교인들에게야 이 말 한마디면 족합니다. 그러나 성경을 권위의 책으로 받아들이지 않는 불신자들은 과학적인 논증을 더 신뢰할 것입니다. 그래서 사족을 달고자 합니다.

수 년 전 하루야마 시게오의 「뇌내혁명(腦內革命)」이라는 책이 인기를 끌었습니다. 그 책에서 저자는 우뇌인 선천뇌(先天腦)에 본능이 입력되어 있다고 말하며 간혹 전생에서 겪은 일을 기억하는 사람이 있는데 그것은 선천뇌에 담겨 있는 기억이 의식표면에 나타나는 현상이라고 해석하고 있습니다.

천주교에서 말하는 연옥의 개념도 성경에는 없습니다. 베드로전서 3장 19절에 나오는 '영들의 옥'을 연옥설의 근거로 삼고 있는데 이 구절은 해석하기가 불분명해서 이설이 많은 구절입니다. 중요한 교리란 이의가 있는 구절에 입각해서는 안됩니다. 연옥설은 성경보다는 전통에 의거한 것이므로 인정할 수 없습니다.

천국과 지옥

그러면 성경에서 말하는 천국과 지옥은 어떤 곳입니까? 성경의 마지막 책인 요한계시록을 쓴 사도 요한은 환상을 통해 천국도 보고 지옥도 보았습니다. 그는 천국에 대해서 이렇게 말하고 있습니다.

또 내가 보매 거룩한 성 새 예루살렘이 하나님께로부터 하늘에서 내려오니 그 예비한 것이 신부가 남편을 위하여 단장한 것 같더라…하나님은 친히 저희와 함께 계셔서 모든 눈물을 그 눈에서

씻기시매 다시 사망이 없고 애통하는 것이나 곡하는 것이나 아픈 것이 다시 있지 아니하리니 처음 것들이 다 지나갔음이러라(계 21:2-4)

요한은 장엄하고 황홀한 천국의 모습을 인간의 제한된 언어로 가히 표현할 수 없었습니다. 영적 세계를 설명하는데는 언어에 한계가 있습니다. 그렇기 때문에 비유와 상징을 사용하게 됩니다.

여자가 일생 중에서 가장 아름다운 때는 결혼식을 위해 단장할 때입니다. 이것은 예나 지금이나 변함이 없습니다. 그래서 요한은 천국의 아름다움을 '신부가 남편을 위하여 단장한 것 같더라'고 표현했을 것입니다.

사도 바울도 하나님 나라에 다녀와서 증거하기를 "낙원으로 이끌려 가서 말할 수 없는 말을 들었으니 사람이 가히 이르지 못할 말이로다"(고후 12:4)고 했습니다.

사람들은 성경에 천국에 대한 이야기로 가득할 것이라고 생각합니다. 그러나 사실 천국에 대한 이야기는 얼마 되지 않습니다. 오히려 지옥에 대한 언급이 더 많습니다. 지옥에 대해서 바로 알아야 천국이 얼마나 좋은지 깨달을 수 있기 때문일 것입니다.

이런 이야기가 있습니다. 어느 극장에 코미디를 구경하려고 많은 사람들이 모였는데, 그만 화재가 났습니다. 그 때 코미디언이 나와서 침착하게 말을 했습니다. "여러분, 이 극장

110

에서 지금 화재가 발생했으니 빨리 질서 있게 나가 주십시오." 그러자 청중들은 박수를 치면서 참 잘 웃긴다고 즐거워 했습니다.

그러자 코미디언이 다시 나와서 심각하게 말했습니다.

"아니 여러분, 정말 이 극장에 불이 났으니 빨리 나가셔야 합니다."

그러나 사람들은 여전히 웃기는 말로만 듣고 좋아하다가 많은 사람이 불에 타 죽었다고 합니다.

오늘날 교회 안팎에서 많은 사람들이 지옥 교리를 시대에 뒤떨어진 것으로 여기고 있습니다. 웃기는 말이나 농담으로 들으려고 합니다. 그러나 예수님은 지옥을 죄인들의 영원한 형벌 장소로 분명하게 말씀하고 있습니다.

예수님은 지옥을 언급할 때 "거기는 구더기도 죽지 않고 불도 꺼지지 아니하느니라"(막 9:48)고 하셨습니다. 지옥은 유황이 타는 불못으로서 그곳에 들어간 죄인들이 너무 고통스러워 발버둥치며 죽으려 해도 죽지 못하고 고통만 계속되는 곳입니다. 그렇기 때문에 예수님은 단호하게 말씀하셨습니다.

만일 네 오른눈이 너로 실족케 하거든 빼어 버리라 네 백체 중 하나가 없어지고 온 몸이 지옥에 던지우지 않는 것이 유익하며 또한 만일 네 오른손이 너로 실족케 하거든 찍어 내버리라 네 백체 중 하나가 없어지고 온 몸이 지옥에 던지우지 않는 것이 유익하니라(마 5:29, 30)

지옥이 얼마나 무서운 곳이기에 차라리 불구자로 천국에 가는 것이 온 몸이 다 지옥에 던지우는 것보다 더 유익하다고 하였겠습니까? 또한 요한은 지옥에 대해 이렇게 말하고 있습니다.

그러나 두려워하는 자들과 믿지 아니하는 자들과 흉악한 자들과 살인자들과 행음자들과 술객들과 우상 숭배자들과 모든 거짓말하는 자들은 불과 유황으로 타는 못에 참예 하리니 이것이 둘째 사망이라(계 21:8)

한번 태어난 사람은 두 번 죽습니다. 하지만 두 번 태어나는 사람은 한번 죽습니다. 둘째 사망을 경험하지 않으려면 두 번 태어나야 합니다. 두 번 태어나야 한다는 말은 어머니 뱃속에서 육으로 한 번 태어나고, 그 다음 예수를 믿고 죄를 회개함으로써 영으로 다시 한번 태어나야 한다는 뜻입니다(요 3:6).

그래서 땅과 하늘, 삶과 죽음, 시간과 영원 세계를 관통하는 법칙을 이해하면 캄캄하던 영의 세계가 밝게 드러나고 우리를 속박하는 이 세상 것들로부터 벗어나 영원한 세계에 참여할 수 있게 됩니다.

하지만 눈에 보이는 것만을 인정하는 사람들은 지옥을 인정하려고 하지 않습니다. 19세기 말 불가지론자로 유명했던 로버트 잉거솔은 지옥에 대한 강연을 하면서 "지옥이란 순진한 사람들에게 잔뜩 겁을 주기 위해 교활한 신학자들이 만들어 낸 환상에 지나지 않는다"고 했습니다.

지옥이 없다고 주장한다고 해서 지옥이 없어지는 것이 아닙니다. 지옥이 없다고 주장하는 것은 지옥이 없기를 바라는 것 뿐입니다. 맹인이 보이지 않는다고 이 세상이 없다고 말한다면 그것이 과연 옳은 말이겠습니까?

또 어떤 사람은 사랑의 하나님이 누구는 지옥에 보내고 누구는 천국에 보내느냐고 불만스러워 합니다. 하나님을 몰라서 하는 말입니다. 하나님은 모든 사람들이 그리스도를 통해 죄 용서를 받아 천국에 가기를 원하십니다.

> 하나님이 세상을 이처럼 사랑하사 독생자를 주셨으니 이는 저를 믿는 자마다 멸망치 않고 영생을 얻게 하려 하심이니라(요 3:16)

그러나 사람에게는 자유 의지가 있기 때문에 하나님도 강요하거나 강제적으로 하실 수 없습니다. 다만 마음의 문을 두드리실 뿐입니다.

> 볼찌어다 내가 문 밖에서 두드리노니 누구든지 내 음성을 듣고 문을 열면 내가 그에게로 들어가 그로 더불어 먹고 그는 나로 더불어 먹으리라(계 3:20)

이 말씀은 인간으로부터 인격적인 반응을 기대하는, 지극히 인격적인 표현입니다. 예수님을 문 밖에 세워 두는 사람이 될 것인지, 안으로 모셔들여 동고동락할 것인지는 당신의 의지에 달려 있습니다.

다시 말해서 천국과 지옥은 하나님의 선택이 아니라 사람의 선택입니다. 하나님 나라, 천국으로 인도되는 죽음을 맞이할 것인지, 아니면 지옥으로 인도되는 죽음을 맞이할 것인지는 사람의 의지에 달려 있습니다.

최후까지 하나님의 사랑에 대해서 '아니오' 라고 거부한 사람이 맺는 쓴 열매, 그것이 바로 지옥입니다.

올바른 죽음 이해

우리 나라 속담 중에 "말똥에 굴러도 이승이 좋다"라는 말이 있습니다. 아무리 고생스럽고 욕되게 살더라도 죽는 것보다는 낫다는 말입니다. 또 "산 개가 죽은 정승보다 낫다"는 말도 있습니다. 아무리 천하게 살더라도 죽는 것보다 낫다는 말입니다.

죽음을 싫어하는 것은 예나 지금이나 동서양의 차이가 없는 것 같습니다. 사람들은 죽음의 공포를 피해보려고 몸부림을 쳤습니다. 그래서 죽음을 운명적으로 받아들이거나 무시하기도 했습니다.

기원전 3세기의 헬라 철학자인 에피큐로스는 죽음에 대해 "죽음은 가장 두려워하는 불행이지만 실제는 아무 것도 아니다. 우리가 존재하는 한 죽음은 오지 않았고 죽음이 이미 왔을 때는 우리는 존재하지 않는다"는 말을 했습니다.

논리적으로는 그럴 듯 하지만 사실은 죽음의 공포에서 벗어나기 위해서 하는 빈말일 뿐입니다.

내가 확신하기로는 사람들은 장례식보다 결혼식이나, 생일 파티, 졸업식을 더 좋아한다고 생각합니다.

철학자 파스칼은 그의 책 「광세」에서 "인간은 죽음과 불행과 무지를 감당할 수 없으므로, 자신을 행복하게 하기 위해 그것들을 생각하지 않게 되었다"고 말한 바 있습니다. 다시 말해서 죽지 않는다는 것이 불가능한 일이므로 그것을 생각하지 않게 되었다는 것입니다. 프로이드는 "근본적으로 누구든지 자기 자신의 죽음을 믿지 않고 있다"라고 했습니다.

모리스 롤링스는 「죽음을 준비하는 그리스도인」이라는 책에서 이런 말을 했습니다. "모든 역사를 통해서 인간은 그가 틀림 없이 죽게 된다는 것을 알고 있는 유일한 피조물이다. 그러나 마지막 순간까지 그것을 믿으려 하지 않는다. 그래서 인간은 일반적으로 그 마지막 때를 대비하지 못한다."

우리는 죽음을 생각하고, 죽음이 무엇인가를 묻고, 죽음에 직면해야 합니다. 죽음은 회피한다고 피할 수 있는 것이 아니기 때문입니다. 죽음은 처음부터 인간에게 속해 있습니다. 생자필멸(生者必滅)입니다. 그러므로 지혜롭고 현명한 사람은 올바른 죽음 이해를 통해서 보다 가치 있고 보람 있는 삶을 추구하는 사람이라고 할 수 있을 것입니다.

죽음은 정상적인 것인가

사람들은 인구 폭발과 자원 고갈을 염려합니다. 만약 죽이 없다면 공간과 자원이 부족해서 삶이 유지될 수 없을 것이라고 생각합니다. 그렇기 때문에 많은 사람들이 인간의 생노병사를 자연의 생성소멸과 같은 자연스런 순환의 과정으로 생각합니다. 그리고 그 과정에 순응하는 것이 초연한 삶의 태도인 것으로 생각하고 있습니다.

한번 물어보고 이야기를 계속하고 싶습니다. 당신은 죽음에 대해 어떤 생각을 하고 있습니까? 우리 인간의 죽음은 자연적이고 정상적인 현상이라고 생각하십니까? 아니면 비자연적이고 비정상적인 현상이라고 생각하십니까?

오늘날 가장 영향력 있는 복음주의 신학자로 손꼽히는 프란시스 A. 쉐이퍼 박사는 하나님을 떠나 비정상이 되어 버린 이 세상에서 고뇌하는 그리스도인들에게 보낸 편지에서 죽음에 대한 성경적 입장을 밝히고 있습니다.

쉐이퍼는 나사로의 무덤 앞에 서 계신 예수님이 죽음이 비정상인 것을 증거 한다고 했습니다. 예수님은 슬퍼하셨을 뿐 아니라 화를 내셨습니다. 예수님은 자신에 대해 화를 내신 것이 아니라 죽음의 비정상에 대하여 화를 내셨던 것입니다. 나사로의 죽음을 비롯한 일반적인 죽음과 병은 하나님께로부터 온 것이 아니라 현재의 모든 것이 비정상적인 상태이기 때문에 오는 것입니다.

많은 그리스도인들이 이런 사실을 모르기 때문에 자신이 암에 걸렸다는 사실을 알게 될 때 "하나님은 왜 내게 암을 주셨는가"라고 항변합니다. 하나님이 주신 것이 아니라 비정상적인 흐름의 결과일 뿐입니다.

하나님은 본래부터 인간을 허무하게 또는 죽음의 운명을 면치 못하게 지으신 것이 아닙니다. 하나님은 인간을 완전하게 만드셨습니다. 그렇다면 왜 인간에게 죽음이라는 운명이 다가오게 되었는지 그 이유를 생각해 보지 않을 수 없습니다.

죽음의 원인

성경 창세기 2장을 보면 최초의 인간인 아담과 하와가 살던 에덴 동산 가운데 두 종류의 나무가 있었습니다. 하나는 생명나무이고 또 하나는 선악을 알게 하는 나무입니다. 아담에게 명령이 주어졌습니다.

> 선악을 알게 하는 나무의 실과는 먹지 말라 네가 먹는 날에는 정녕 죽으리라(창 2:17)

선악을 알게 하는 나무는 처음부터 따먹지 못하도록 금지되었습니다. 그러나 생명나무에 대해서는 아담과 하와가 하나님의 명령을 어기고 선악을 알게 하는 나무의 실과를 따먹기 전까지 별다른 제재가 없었습니다. 타락 이후에 따먹고 영생하지 못하도록 특별 조처가 취해졌습니다.

이로 미루어 볼 때 생명나무 실과는 일차적으로 인간 육체의 영존을 가능케 하며 더 나아가서는 전인격적으로 성숙한 삶을 살 수 있도록 활력을 북돋워 주는 에네르기가 담겨 있었던 것으로 추정할 수 있습니다. 이러한 사실은 하나님께서 천국의 성도들이 생명나무의 과실을 먹을 수 있도록 다시금 허용하신 점에 의해서도 뒷받침됩니다(계2:7).

최초의 인간은 하나님의 형상, 즉 이성, 영성, 도덕성, 자율성, 인격성을 지닌 존재로 지음을 받았을 뿐 아니라 죽지 않아도 되는 존재로 창조되었습니다. 인간이 낙원에서 행복하게 영원토록 사는 것이 하나님의 창조 목적이었습니다.

그러면 왜 인간에게 질병과 죽음이 다가오게 되었습니까? 한 마디로 불순종의 죄 때문입니다. 성경은 아담의 범죄로 말미암아 죽음이 인간 세계에 들어오게 되었음을 명확하게 말해주고 있습니다

> 이러므로 한 사람으로 말미암아 죄가 세상에 들어오고 죄로 말미암아 사망이 왔나니 이와 같이 모든 사람이 죄를 지었으므로 사망이 모든 사람에게 이르렀느니라(롬 5:12)

죽음은 한 인간이 숨을 멈추기 시작한 후에 막 시작되는 것이 아니라 인간이 범죄 했을 때 이미 시작되었습니다. 그러나 하나님은 자비로써 죽음에 도달하는 과정을 연기하시고 구원받을 수 있는 기회를 주시는 것입니다.

생사여일(生死如一)이라는 말이 있습니다. 사실 우리 인간은 살아 있는 것 같아도 죽은 자와 같습니다. 어떤 분은 "죽은

자라니, 무슨 소리냐. 나는 이렇게 멀쩡히 살아 있다"라고 말할 사람도 있을 것입니다.

우리 인간의 생명은 마치 꺾어다가 화병에 꽂아 놓은 꽃과 같습니다. 참 아름답지만 줄기에서 끊겨 있기 때문에 죽는 것은 시간 문제입니다. 그 시간이 칠십이요 강건하면 팔십입니다. 이런 상태의 인간이기 때문에 길이요 진리요 생명이신 예수님이 오신 것입니다.

누구든지 믿음으로 구원을 얻을 수 있습니다. 죄의 삯은 사망이나 하나님의 선물은 그리스도 안에 있는 영원한 생명입니다(롬 6:23). 그 생명을 우리에게 다시 주셔서 영원히 살게 하시는 것입니다.

죽음의 의미

의학적인 차원에서의 죽음은 심장 박동이 멈추고, 호흡, 혈압, 체온이 완전히 소멸되는 것을 뜻합니다. 확실한 사망은 뇌파가 완전히 사라지는 상태입니다. 유물론자들에게 있어서 죽음은 완전한 절멸(絶滅)을 의미하고, 힌두교나 불교도에게는 윤회를 의미합니다.

윤회를 말하는 사람들은 인간이 죽을 때 그의 영혼이 몸밖으로 빠져 나와 즉각 갓 태어난 아기의 몸 속으로 들어간다고 합니다. 만약 그 사람이 아주 나쁘게 전생을 살았다면 그는 불구자나 몸이 쇠약한 자 또는 노동자로 태어난다고 합니다.

그렇다면 불구자나 가난한 자는 전생의 대가를 치루는 것이기 때문에 따뜻하게 대할 아무런 이유가 없는 것입니다. 실로 많은 힌두교 신자들이 그렇게 믿으며, 그들은 의도적으로 남의 고난을 무시합니다.

그러면 성경에서는 죽음의 의미를 어떻게 말하고 있습니까? 세 가지로 표현되고 있습니다. 영적 죽음, 육체적 죽음, 영원한 죽음입니다. 이 죽음은 분리를 의미합니다.

영적인 죽음은 하나님과의 분리를 의미합니다. 육체적인 죽음은 영혼과 육체와의 분리를 의미합니다. 마지막으로 영원한 죽음은 하나님으로부터 영원히 분리되어 지옥에서 영원토록 형벌 받는 것을 의미합니다.

의인은 없나니 한 사람도 없습니다(롬 3:10). 인간은 누구도 스스로 자신의 죄 값을 지불하고 죽음에서 벗어날 수 없습니다. 그래서 죄 없으신 예수님께서 이 세상에 오셔서 죄인들을 위해 대신 죄값을 치르시고 죄의 문제를 해결해 주셨습니다.

그럼에도 불구하고 인간은 죽습니다. 어찌하여 하나님은 신자들을 여전히 쓰라린 죽음을 통하여 인도하시는 것이 필요하다고 생각하십니까? 어찌하여 하나님은 신자들을 하늘로 즉각 이전하지 않으십니까?

조직신학자 루이스 뻘콥은 죽음을 신자들의 성화의 과정으로 보고 있습니다. 즉 죽음에 대한 생각, 죽음을 통한 사별, 질병과 고통은 죽음의 선구자라는 생각, 죽음이 접근해 온다는 의식, 이 모든 것은 교만한 자를 겸손하게 하고 육욕을 억제케 하며 세속적인 마음을 방지케 하며 또한 영적인 마음을 촉진시킨다는 것입니다.

그리스도께서 고난과 죽음의 통로를 거쳐 그의 영광에 들어가셨던 것과 같이 신자들도 역시 성화의 과정인 죽음을 통해 영광스런 하나님 나라에 들어가게 되는 것입니다.

하나님께서 신자의 육체를 죽음의 세계에서 구원하시지 않으시는 또 하나의 이유는 구원받은 자와 구원받지 못한 자가 이 세상에 계속해서 함께 살도록 하기 위해서입니다. 그렇게 해야만 구원받지 못한 자에게 복음이 전파되고 하나님 나라의 사역이 계속될 수 있는 것입니다.

성도의 죽음

죽음은 사람들에게 상실의 슬픔과 고통을 안겨 줍니다. 그런데 성경은 "성도의 죽는 것을 여호와께서 귀중히 보시는도다"(시 116:15)라고 했고 "주안에서 죽는 자들은 복이 있도다"(계 14:13)고 했습니다.

성도들에게 있어서 죽음은 금기 사항이 아닙니다. 공포의 대상도 아닙니다. 끝도 아닙니다. 슬퍼해야 할 일도 아닙니다. 그러면 성도들은 죽음 자체를 어떻게 받아들여야 할까요?

잠과 같은 죽음

성경을 보면 대개 왕의 죽음을 언급하면서 "그 열조와 함께 자니라"는 문구가 반복되어 나옵니다. 다윗은 환란 가운데 있을 때 "나의 눈을 밝히소서…두렵건대 내가 사망의 잠을 잘까 하오며"(시 13:3)라고 했습니다.

스데반의 죽음에 대해서도 "이 말을 하고 자니라 사울이 그의 죽임 당함을 마땅히 여기더라"(행 7:60; 8:1)고 했습니다. 바울은 "형제들아 자는 자들에 관하여는 너희가 알지 못함을 우리가 원치 아니하노니"(살전 4:13)라고 했습니다.

회당장 야이로의 딸이 죽었을 때 예수님은 피리 부는 자들과 훤화하는 무리를 보시고 "물러가라 이 소녀가 죽은 것이 아니라 잔다"고 하셨습니다(마 9:13). 예수님도 죽음을 잠으로 표현하셨습니다. '잔다'는 표현은 영혼에 대한 것이 아니라 육신을 가리키는 것입니다.

나사로가 죽었을 때도 역시 "우리 친구 나사로가 잠들었도다 그러나 내가 깨우러 가노라"고 하셨습니다(요 11:11). 그러면 왜 예수님은 처음부터 나사로가 죽었다고 분명하게 밝히시지 않았을까요? 왜 예수님은 나사로의 죽음을 가리켜 잔다고만 말씀하셨을까요? 이에 대해 라일은 이렇게 대답하고 있습니다.

잠은 인간에게 닥칠 수 있는 가장 고통스러운 사건을 완곡하면서도 감동적으로 표현한 말이며, 죽음이 부활로 이어진 다음에 우리가 떠올리기에 가장 적합한 말입니다. 죽음으로써 우리는 소멸되는 것이 아닙니다. 잠든 사람처럼 우리는 누웠다가 다시 일어나게 될 것입니다.

잠을 자는 것과 죽음 사이에는 흡사한 점이 많습니다. 잠자고 있는 사람은 죽은 듯이 보일 수도 있고, 죽은 사람은 잠자고 있는 것처럼 보이기도 합니다. 그래서 호머라는 사람은 잠을 '죽음의 형제' 라고 불렀습니다. 그러면 어떤 점이 비슷한지 생각해 보겠습니다.

첫째로, 휴식을 얻는다는 점에서 비슷합니다.

사람들은 잠을 통해서 정신과 육체의 수고에서 벗어나 휴식을 얻습니다. 마찬가지로 그리스도 안에서 죽은 사람들은 그들의 수고로운 삶을 마치고 주님 품안에서 안식을 얻는 것입니다.

둘째로, 다시 깨어난다는 점입니다.

잠을 잔 후에 사람들이 다시 깨어납니다. 마찬가지로 성도들의 육체는 마지막 날, 주님께서 다시 오실 때 무덤에서 다시 일어나게 됩니다(살전 4:16).

셋째로, 생기를 얻는다는 점입니다.

우리가 잠을 자고 나면 피곤이 사라지고 몸에 생기가 나는 것처럼 무덤에서 부활한 성도들의 몸은 더욱 훌륭한 상태로 변화됩니다. 썩을 것에서 썩지 아니할 것으로 다시 살며, 욕된 것에서 영광된 것으로, 약한 것에서 강한 것으로, 육의 몸에서 신령한 몸으로 다시 살게 됩니다(고전 15:42~44).

어떤 사람이 밤늦게 집에 돌아 왔습니다. 부모님과 나눌 이야기가 있었지만 부모님이 주무시고 계셨기 때문에 그 사람은 아침에 이야기하기로 하고 부모님의 모습을 한번 살펴보고는 잠자리에 들었습니다.

죽음은 잠자는 것과 같습니다. 잠자는 사람을 보고 울며 슬퍼할 일은 없습니다. 그 이유는 아침이 되면 다시 만나서 이야기할 수 있기 때문입니다. 그렇기 때문에 성도는 죽음을 두려워할 이유가 없습니다. 인간이기에 죽음을 맞이했을 때 슬픔이 없을 수는 없으나 소망으로 슬픔을 극복할 수 있어야 합니다.

잠자리에 드는 것을 두려워하는 사람을 보았습니까? 그런 사람은 없을 것입니다. 하루 종일 피곤하게 일한 사람은 오히려 안식할 수 있는 그 시간을 기다립니다. 잠자리에 드는 그 시간이 마냥 행복합니다.

우리 인생도 마찬가지입니다. 밖에서 일하다가 저녁에 집에 돌아오면 우리는 잠시 쉬다가 잠옷으로 갈아입습니다. 이불 속으로 들어갑니다. 불을 끄고 잠을 잡니다. 그리고 아침에 일어나서 새 날을 맞이합니다. 이러한 우리의 삶을 죽음으로 연관시켜 생각해 보십시오.

인생의 저녁이 되면 수고하던 직장에서 은퇴하여 잠시 쉬다가 인생의 밤을 맞게 되는데 잠옷을 입는 것은 수의를 입는 것이요, 이불 속으로 들어가는 것은 관속으로 들어가는 것과 같은 것입니다.

불을 끄고 잠을 자는 것은 무덤 속에 머무는 것이고, 아침에 일어나 새 아침을 맞는 것은 부활하여 하늘 나라에서 새로운 삶을 사는 것입니다. 결국 우리는 날마다 죽음과 부활을 연습하며 살고 있는 것입니다.

어린아이들을 보십시오. 언제 잠이 듭니까? 어린아이들은 가장 마음이 편하고 가장 안심이 되는 때와 장소에서 쌔근쌔

근 잠이 드는 것입니다.

어린아이들에게 가장 안정감을 줄 수 있는 품은 오직 엄마의 품입니다. 마찬가지로 우리가 마지막으로 의지하고 나의 영혼을 맡기고 잠들 수 있는 품은 오직 하나님 품 밖에 없습니다.

천국으로의 이민

요즘 이민이 늘고 있습니다. 통계에 의하면 지난 2000년 한 해 동안 1만 5천 307명이 캐나다, 미국, 호주, 뉴질랜드 등으로 이민을 갔습니다. 이들 나라는 모두 살기 좋은 나라들입니다. 그렇습니다. 이민은 살기 어려운 곳에서 살기 좋은 곳으로 이사가는 것입니다.

우리 교인 중에도 뉴질랜드로 이민간 박혜숙 선교사님이 있습니다. 지금은 목사님이 되셔서 사역하고 있는데, 그 목사님 덕분에 몇 차례 다녀왔습니다.

오염되지 않은 자연 속에서 살아가는 그곳 사람들의 마음은 착하고 유순하기 짝이 없습니다. 남에게 피해를 주는 일을 극도로 꺼려하며 가급적 싸움을 하지 않는 것이 그들의 특성입니다. 자연히 범죄율이 낮고 치안이 안전합니다.

이곳이야말로 지상의 낙원이 아닐까 하는 생각이 듭니다. 장차 우리가 가게 될 천상의 낙원, 천국은 이보다 더 좋은 곳입니다. 우리도 언젠가는 그곳으로 이민을 가게 될 것입니다.

성경은 "그가 흑암의 권세에서 건져 내사 그의 사랑의 아들의 나라로 옮기셨으니"(골 1:13)라고 했습니다.

사랑하는 아들의 나라는 어떤 곳입니까? 하나님의 사랑을 받는 아들의 나라입니다. 즉 사랑의 나라, 사랑이 충만한 나라가 사랑의 아들의 나라입니다. 그것이 천국입니다. 그곳은 시기도 원망도 없는 나라, 서로 사랑하고 서로 위로하며 살기 좋은 나라입니다.

천국에 대해서 기록하고 있는 요한계시록 21장과 22장을 한번 읽어보십시오. 천국에는 벽옥과 정금으로 쌓은 성, 열두 보석으로 터 닦은 성, 열 두 진주문을 열어 놓은 성이 예비되어 있습니다.

하나님의 영광의 빛으로 해와 달이 쓸데없고, 수정같이 맑은 생명수가 주님의 보좌로부터 흘러나 길 가운데로 흐르고 생명의 강 좌 우편에 생명나무가 있어 열 두 가지 실과를 맺히되 달마다 그 실과를 맺힙니다.

이 영광의 나라가 우리가 장차 이민 가서 살 나라이니 얼마나 좋습니까?

전에 한신대학장으로 계셨던 김정준 목사님이 젊은 날 마산 폐결핵 요양소에서 지낸 적이 있었습니다. 그 때 매일같이 그의 곁에서 환자들이 죽어가고 있었습니다. 그러나 그 분은 죽음에 초연한 사람처럼 보였습니다. 곁에 있던 한 사람이 죽음을 어떻게 생각하느냐고 물었습니다. 그 때 그 분은 이런 시로 답했다고 합니다.

내가 죽는 날

내가 죽는 날!
그대들은 '저 좋은 낙원 이르니' 찬송을 불러주오.
또 요한계시록 20장 이하 끝까지 읽어주오.
그리고 나의 묘 패에는 이것을 새겨주오.
'임마누엘' 단 한 마디만을!

내가 죽는 날은
비가 와도 좋다.
그것은
내 죽음을 상징하는 슬픈 눈물이 아니라
예수의 보혈로 내 죄 씻음을 받은 감격의 눈물!

내가 죽는 날은
바람이 불어도 좋다.
그것은
내 모든 이 세상 시름을 없이하고
하늘나라 올라가는 내 길을 준비함이라.

내가 죽는 날은
눈이 부시도록 햇빛이 비춰어도 좋다.
그것은
영광의 주님 품에 안긴
내 얼굴의 광채를 보여 줌이라.

내가 죽는 시간은
밤이 되어도 좋다.

캄캄한 하늘이 내 죽음이라면
거기 빛나는 별의 광채는
새 하늘에 옮겨진 내 눈동자이리라.

오! 내가 죽는 날.
나를 완전히 주님의 것으로 부르는 날.
나는 이 날이 오기를 기다리노라.
다만 주님 뜻이면 이 순간에라도 닥쳐오기를.
번개와 같이 닥쳐와 번개와 같이 함께 사라지기를.

그 다음은 내게 묻지 말아 다오.
내가 옮겨간 그 나라에서만
내 소식을 알 수 있을 터이니.
내 얼굴을 볼 수 있을 터이니.

그 분은 죽음 이후의 삶을 확신했습니다. 죽음을 낙원으로 옮겨가는 과정으로 보았습니다. 성도에게는 이런 확신이 있어야 합니다. 그래야 초연한 삶을 살 수 있습니다.

우리가 미국에 이민을 가려고 할 때 자격을 심사 받는데 적격자도 있고 부적격자도 있습니다. 천국에 가기 위해서도 조건이 있습니다. 반드시 죄 사함을 받아야 합니다.

천국은 비자 대신에 하나님의 은혜로 가며, 여권 대신에 우리의 믿음으로 가는 이민입니다. 그리고 이 땅의 교회는 천국으로 이민 가기 위해 기다리는 대합실과 같습니다.

고향에로의 회귀

현대인들은 고향이 없다고 말합니다. 하지만 나에게는 고향에 대한 느낌이 진합니다. 나는 전북 진안에서 태어나 자랐습니다. 고향을 떠나온 후에도 줄곧 고향을 찾았습니다.

진안은 금강 상류에 위치하고 있습니다. 바람이 시원하고 물이 맑습니다. 계곡 밑에서 노니는 고기들과 모래알까지 다 들여다보입니다. 마치 거울과 같습니다. 어릴 적 수백 미터의 모래밭을 거닐며 놀던 때가 떠오릅니다. 그 때는 시냇물을 그냥 마셔도 아무 탈이 없었습니다.

우리 교회는 해마다 여름이 되면 사람들로 붐비는 이름 난 수련회장을 피해 나의 고향 진안에서 오붓하게 가족수련회를 가지곤 했습니다.

그런데 얼마 전 수자원공사에서 전주와 이리에 식수를 공급하기 위한 목적으로 용담 땜을 건설하면서 내가 살던 고향을 포함해서 다섯 개 읍 면이 물에 잠기게 되었습니다. 고향을 잃어버리게 되어 섭섭한 마음 금할 길이 없습니다.

그래서 요즘은 강원도 속초, 주문진 쪽으로 방향을 바꾸었습니다. 강원도 양양에서는 해마다 연어 축제가 열립니다. 지난해 가을 교인 10여 명과 함께 연어 축제에 참여해 보았습니다.

연어는 놀라운 회귀 본능을 가지고 있는 독특한 물고기입니다. 우리 나라 양양의 경우 남대천에서 깨어난 새끼 연어들이 북태평양의 드넓은 바다로 나가 약 4~5년간 자라다가 70㎝의 성어가 되면 알을 낳기 위해 정확하게 고향으로 되돌아옵니다.

우리 인간에게도 회귀 본능이 있습니다. 아이들이 밖에서 재미있게 놀다가도 해가 저물면 서둘러 집으로 돌아옵니다. 가정에는 어머니의 따뜻함이 있습니다. 그래서 어머니는 마음의 고향이라고 합니다. 그러면 우리 영혼의 고향은 어디입니까?

하나님은 우리 인간에게 영원을 사모하는 마음을 주셨습니다(전 3:11). 믿음의 조상 아브라함은 하늘에 있는 더 나은 본향을 생각했기 때문에 약속의 땅 가나안에서 나그네의 삶을 살았습니다.

찬송가 290장의 가사는 우리가 돌아가야 할 영원한 고향을 생각하게 합니다.

괴로운 인생길 가는 몸이 평안히 쉬일 곳 아주 없네 걱정과 고생이 어디는 없으리 돌아갈 내 고향 하늘 나라.

광야에 찬바람 불더라도 앞으로 남은 길 멀지 않네 산너머 눈보라 재우쳐 불어도 돌아갈 내 고향 하늘 나라.

날 구원하신 주 모시옵고 영원한 영광을 누리리라 그리던 성도들 한자리 만나리 돌아갈 내 고향 하늘 나라.

이스라엘 백성들은 70년 동안 바벨론 생활을 하다가 기한이 차서 고향으로 돌아가게 되었습니다. 몇 달을 고생하며 가야 하는 길이었지만 그들의 마음은 벌써 고향 땅에 가 있었습니다. 고향에 돌아가면 내 가족들을 다시 만날 수 있으리라는 기대와 흥분에 젖어 있었습니다.

시편 기자는 고향 땅을 향해 발걸음을 내딛는 이스라엘 백성들의 모습을 이렇게 노래했습니다.

> 여호와께서 시온의 포로를 돌리실 때에 우리가 꿈꾸는 것 같았도다 그 때에 우리 입에는 웃음이 가득하고 우리의 혀에는 찬양이 찼었도다(시 126:1, 2)

세상에서도 고향으로 돌아가는 사람의 마음이 꿈꾸는 것 같다면 주님이 계신 영원한 고향으로 돌아가는 우리의 마음은 더욱 설레야 하지 않겠습니까?

청교도인 리차드 박스터는 임종의 자리에서 "좀 어떻습니까?"라는 질문을 받고는 "좋아요. 고향에 온 것 같군요"라고 대답했습니다.

오늘날 치유 사역자들에게 큰 도움을 주고 있는 스위스의 내과의사이자 심리학자였던 폴 투르니에는 「삶에는 뜻이 있다」는 책에서 죽음을 앞두고 이렇게 말한 바 있습니다.

> 나 자신도 나이 들고 죽음이 가까이 다가오고 있습니다. 나도 성 바울처럼 사는 것을 소홀히 여기지 않음과 동시에 죽음을 위한 마음가짐이 되었다고 느끼고 있습니다. 나는 사후의

세계에서 그리스도와 더욱 친근하게 충실한 삶에 들어갈 수 있을 것을 생각하면 내 마음은 설래입니다.

수도 생활에 전념하셨던 엄두섭 목사님은 「죽음 뒤에 오는 것」이라는 책에서 이런 말씀을 하셨습니다.

결혼식 날짜가 가까이 온 여자나 해산날이 가까워진 여인의 가슴에 두려움과 동경의 호기심이 엇갈리는 것처럼, 지금 내 가슴도 죽음의 두려움과 아울러 죽음을 통과하고서야 있을 죽음 저편의 미지의 세계를 탐승하고 싶은 동경과 호기심이 가득 차서 두근거린다.

말로는 천국 간다 하면서 속으로는 세상에 몰입해서 천국 이야기만 하면 자기와 상관없는 딴 세상 이야기처럼 시큰둥하게 받아들인다면 어찌 믿음이 있다고 하겠습니까?

우리가 살고 있는 이 세상은 눈물의 땅입니다. 실패의 눈물, 절망의 눈물이 있습니다. 그러나 하늘나라에는 눈물이 없습니다. 죽음도 없습니다. 이별도 없습니다.

세상에는 영원한 도성이 없습니다. 그러나 천국은 영원한 도성입니다. 세상에서는 곤고할 때가 많고 안식할 만한 곳이 없습니다. 그러나 천국은 영원한 안식의 장소입니다.

우리는 천국 이야기를 들을 때마다 가슴이 설래야 합니다. 근심이 가벼워져야 합니다. 천국만 생각하면 세상의 그 어떤 것도 부럽지 않아야 합니다.

완전한 생활의 시작

고대 역사가 헤로도투스의 기록에 의하면 애굽의 부자들간의 사교 모임에서 잔치가 끝나면 한 사환이 진짜와 같이 조각하고 색칠한 나무인형 시체가 든 관을 들고 손님 주위를 돌아다니면서 "이걸 보십시오. 그리고 마시고 즐기십시오. 당신들도 죽으면 이렇게 됩니다"라고 향락을 부추겼다고 합니다.

이사야서를 보면 예루살렘 백성들도 "내일 죽으리니 먹고 마시자"(사 22:13)고 했습니다. 죽음으로서 모든 것이 끝이라고 생각하는 사람들은 쾌락과 유흥에 몰두하며 퇴폐적인 삶을 살 수 밖에 없습니다. 이들의 비극은 죽음 이후의 새로운 세계를 보지 못하는데 있습니다. 잠시 잠깐의 쾌락의 끝은 어디입니까?

프랑스의 무신론 작가였던 볼테르는 임종을 앞두고 의사에게 이렇게 외쳤습니다.

나는 하나님과 사람에게 버림을 받았습니다. 당신이 내게 6개월만 생명을 연장시켜 준다면 나에게 가치 있는 모든 것의 반을 드리겠오. 난 두려운 지옥으로 가게 되오. 당신도 가게 될지 모르오. 오! 그리스도여.

영국의 유명한 회의론자였던 토마스 홉스는 이렇게 말했습니다.

내가 이 세상을 다 가지고 있다면 그것을 하루치의 생명과 바꿀 수 있겠다. 하루만이라도 더 살고 싶다. 내 앞에 오는 저 세상을 조금이라도 들여다 볼 수 있는 구멍이라도 있으면 좋겠다. 껑충 어둠 속으로 뛰어들어가는 것 같다.

그러나 하나님의 사람들의 모습은 다릅니다. 미국의 유명한 복음 전도자 디 엘 무디는 임종 직전에 이렇게 말했습니다.

아! 땅이 물러가고 하늘이 내 앞에 열리고 있군. 이것이 죽음이라면, 죽음은 참으로 유쾌한 일이야. 이곳엔 어두운 골짜기가 하나도 없어. 하나님이 나를 부르고 계시군. 이제 가야겠어. 오늘은 내 승전가를 부르는 날이야. 내 대관식이 치뤄지는 날이지.

감리교의 창시자 요한 웨슬리는 "이 세상에서 가장 고귀한 것은 하나님께서 나와 함께 하시는 것이다"라고 했습니다.
또한 구세군 창시자 윌리엄 부스의 아내 케더린 부스는 이렇게 말했습니다.

물이 밀려들고 나도 밀려간다. 그러나 난 물 위에 올라 있다. 죽는다기보다는 오히려 더 나은 생애가 시작되고 있다. 이제 와보니 죽음이야말로 아름답고 귀한 것이구나.

죽음은 잠시 어두운 터널을 지나는 것과 같습니다. 죽음의 터널을 지나고 나면 광명한 천국이 열리는 것이고, 상상도 하지 못했던 새로운 삶이 시작되는 것입니다. 무엇보다도 좋은 것은 이 세상에 있을 때 보다 더욱 주님과 친근하게 지낼 수 있는 것입니다.

그렇습니다. 죽음은 끝이 아니라 새로운 시작입니다. 새로운 시작은 가슴 설래이고 흥분된 일이 아닐 수 없습니다. 우리가 추운 겨울을 견디어 낼 수 있는 것은 새 봄을 기다리기 때문입니다.

봄은 우리 영혼의 교사입니다. 새로운 시작을 우리에게 생생하게 가르쳐 줍니다. 죽은 것 같이 보이던 앙상한 나무 가지에서 새순이 파릇파릇 솟아나는 모습을 보십시오.

잠자리는 애벌레 시기에 연못이나 늪의 물 속에서 삽니다. 물속에서 살 때는 독특한 형태로 꼼지락거리며 헤엄칩니다. 그것이 어느 시기가 되면 물가에 기어 나오고 풀잎에 올라 오랫동안 움직이지 않고 머물러 지냅니다.

그러다가 일정한 기간이 지나면 껍데기가 쪼개지면서 그곳에서 발이 나오고 날개가 나옵니다. 부지런히 몸을 진동시켜 옛 껍데기를 떨어버립니다.

그리고 전혀 딴 모양의 날개 달린 잠자리가 되어 푸른 하늘로 자유로이 날아다닙니다. 처음 물 속에 살던 때에는 상상할 수 없었던 환경과 외양과 삶의 형태를 소유하게 됩니다. 이것을 탈바꿈이라고 합니다.

우리 인간도 육체적 죽음으로 육체를 버릴 때, 존재가 아주 멸절 되는 것이 아니라 변화하는 것입니다. 탈바꿈하는 것입니다. 죽음은 육체의 낡은 옷을 벗어버리고 하나님께서 주시는 새 옷으로 갈아입고 새 삶을 사는 것입니다.

사람 안에는 하나님을 알만한 것이 있고, 하나님의 영원한 능력과 신성이 그 만드신 만물에 나타나 있습니다(롬 1:19, 20). 그런데 영의 눈이 어두워 보고도 보지 못합니다.

영의 눈이 열려야 합니다. 바울과 같이 성령으로 거듭나서 우리 눈의 비늘이 벗겨지면 온 세상에 충만한 하나님의 능력과 신성을 볼 수 있고 죽음 건너편의 세계도 볼 수 있습니다.

소유권 이전

얼마 있으면 우리 교회가 있는 지역이 재개발됩니다. 그러면 우리 교회는 새로운 곳으로 이사를 가든지, 아니면 종교 부지를 얻어 새로 교회를 짓든지 해야 합니다.

우리 교회는 어느 날 번듯하게 새워진 교회가 아닙니다. 성도들이 교회 건축에 참여하여 수고해서 이룩한 교회입니다. 구석구석 교인들의 손길이 미치지 않은 곳이 없습니다.

예배당을 지으려 할 때 반대가 얼마나 심했는지 모릅니다. "교회가 들어서면 마을이 망한다"는 무당의 말을 들은 동네 사람들은 거세게 반대하고 나섰습니다. 그럼에도 불구하고 예배당은 지어졌습니다. 우리 교회 개척사인 「작은 교회 큰 이야기」에서 당시의 이야기를 일부 소개합니다.

1992년 9월 17일, 예배 처소를 사택에서 축사 성전으로 이전을 했다. 이 때 성전의 모습은 시멘트 기둥만이 세워진 상태였다. 찬 바람이 불기 전이라 예배 드리는데는 별 문제가 없었다. 그러나 곧 다가올 겨울을 보내기 위해 예배 처소를 꾸미는 일을 서두르지 않을 수 없었다.

11월에 들어서면서 전 교인이 하나되어 헌신함으로 축사가 성전으로 새 옷을 입기 시작했다.

남 선교회에서는 축사를 성전으로 개조하기 위해서 밤낮을 가리지 않고 망치를 두드리며 쌓이는 피로와 싸웠고, 사모와 여 집사들은 식사와 새참을 준비하고 나르는 등으로 수고했다.

특히 천장에 페인트를 칠 할 때의 일은 잊을 수 없다. 남자 집사들이 헌 옷을 골라 입고 머리에는 두건을 두르고 긴 붓으로 페인트 칠을 하는데 그 모습이 어찌나 우스꽝스러웠던지 지켜보는 이들의 웃음을 자아내 쌓인 피로를 씻게 하였다(중략).

교회는 날마다 그 모습을 갖추어 갔다. 마을 주민들의 반대에도 불구하고 마침내 7월 중 교회 종탑이 봉헌되었고, 11월 중 교회 의자도 봉헌되었다.

성전을 가꾸는데 거의 1년이 소요되었다. 구석구석 성도들의 손길이 닿지 않은 곳이 없었다. 여 성도들은 틈만 나면 창틀에 페인트칠을 하였다. 마음먹은 대로 칠해지지 않았다. 붓이 똑바로 가지 못하고 삐뚤삐뚤거렸다. 그 모습을 보고 서로 웃으며 성전을 마무리하였다. 그래서 새 성전은 더욱 사랑스러웠다.

어린 왕자의 별에 장미 한 그루가 있었습니다. 어린 왕자는 지구에 와서 자기의 별에 있는 한 그루의 장미와 꼭 같은 장미가 무수히 많은 것을 알게 되었는데, 그 때 그는 수많은 장미를 향해 이렇게 고백했습니다.

나의 꽃인 내 장미도 멋모르는 행인은 너희들과 비슷하다고 생각할거야. 그러나 그 꽃 하나만으로도 너희들 전부보다 더 소중해. 내가 물을 준 꽃이기 때문이야. 내가 유리 덮개를 씌워

준 꽃이기 때문이야. 내가 바람막이로 바람을 막아 준 꽃이기 때문이야. 내가 벌레를 잡아 준 꽃이기 때문이야.

우리 교회가 남들 보기에는 그저 그런 시골 교회로 보일 수 있겠지만 우리들에게는 어린 왕자의 별에 있는 장미 한 그루와 같습니다. 11년 동안 땀과 피와 눈물을 쏟아 부은 예배당이 사라질 것을 생각하면 마음이 허전하기까지 합니다.

그러나 교회가 더 나은 환경에서 새롭게 발전할 수 있을 것을 기대하며 서운한 마음을 달랬습니다. 그런데 막상 보상액이 기대한 것보다 훨씬 낮게 책정되어 크게 실망이 됐습니다. 예상했던 금액의 절반 수준이었습니다.

마을 사람들이 찾아와 보상금에 대한 반대시위에 참석하라고 했습니다. 답답한 마음에 목회자들이 모인 자리에서 우리 교회 이야기를 했습니다. 몇몇 목회자들이 이의 신청을 하고 법적인 대응을 강구하라고 조언했습니다. 포기하자니 너무도 아쉽고, 투쟁하자니 여러모로 덕이 되지 않을 것 같았습니다.

이럴까 저럴까 두 마음을 품고 고민하다가 포기하기로 결단했습니다. 보이는 교회를 지으려다가 보이지 않는 교회를 무너뜨려서는 안 된다는 생각을 했습니다. 교회의 권사, 안수집사들을 모아놓고 포기하자고 했습니다. 누구도 이의 없이 내 의견을 따라 주었습니다.

그리고 그 날 밤 나는 몸이 마비되면서 죽을 만큼 앓았습니다. 그 때 나는 죽음 앞에 선 나의 모습을 다시 돌아보았습니

다. 새삼 마음을 비우고 포기하며 사는 것이 결코 쉽지 않다
는 사실을 또 한번 깨달았습니다.

빈손으로 돌아가야 하는 인간의 운명을 생각했습니다.

"내 생명의 주인이 하나님이시라면, 교회의 주인도 역시
하나님이 아닌가……"

나는 다시 한번 내 생명의 소유권, 그리고 우리 교회의 소
유권을 주님께 내어놓았습니다. 그리고 나서 마음의 자유와
평안을 회복할 수 있었습니다.

살든지 죽든지

우리가 포기하면 어느 정도까지 포기할 수 있고, 자유하면
어느 정도까지 자유할 수 있겠습니까? 우리는 믿음의 선배들,
특별히 사도 바울의 삶에서 그 수준을 살펴볼 수 있습니다.

그는 자신을 핍박하는 유대주의자들의 본거지 예루살렘을
향해 가면서 이런 고백을 했습니다.

> 오직 성령이 각 성에서 내게 증거하여 결박과 환란이 나를 기다
> 린다 하시나 나의 달려갈 길과 주 예수께 받은 사명을 증거하려
> 함에는 나의 생명을 조금도 귀한 것으로 여기지 아니하노라(행
> 20:23, 24)

바울은 죽음을 두려워하지 않았습니다. 바울의 담대함은
흔히 가진 것 없는 사람들이 갖고 있는 '이판사판' 식의 태도

가 아니었습니다. 그는 인간적으로 자랑거리가 많은 사람이 었습니다. 그의 자랑을 들어 보십시오.

> 내가 팔일 만에 할례를 받고 이스라엘의 족속이요 베냐민 지파 요 히브리인 중의 히브리인이요 율법으로는 바리새인이요 열심히 는 교회를 핍박하고 율법의 의로는 흠이 없는 자로라(빌 3:5~6)

그러나 그는 이 세상 모든 것을 배설물처럼 여겼습니다. 그의 자랑은 오직 예수뿐이었습니다. 무엇이 그를 세상이 감당할 수 없는 사람으로 만들었습니까?

그에게는 천국의 소망이 있었습니다. 그는 죽음으로서 모든 것이 끝나는 것이 아니라 죽음 뒤의 새로운 시작, 즉 부활과 영원한 삶이 있음을 믿었기에 이 세상의 모든 부귀, 영화, 권세를 포기하고 복음을 증거 했고 죽음을 두려워하지 않았습니다.

바울은 로마 옥에 갇혀서 생사를 알 수 없었을 때도 절망하지 않고 오히려 기쁨의 편지 빌립보서를 써서 복음을 전하며 이렇게 자신의 신앙을 고백했습니다.

> 살든지 죽든지 내 몸에서 그리스도가 존귀히 되게 하려 하나니 이는 내게 사는 것이 그리스도니 죽는 것도 유익함이니라(빌 1:20, 21)

우리는 '살든지 죽든지' 라는 말에 주목할 필요가 있습니다. 죽음은 바울에게 아무런 권세를 발휘하지 못했습니다.

바울은 똑바로 서서 죽음을 당당히 쳐다봄으로써 그것을 당황하게 만들었습니다. 믿음의 힘 때문에 자신의 권세가 탈취 당했음을 깨닫고 물러나 버린 것은 바로 죽음이었습니다. 죽음을 향하여 외치는 바울의 목소리가 귓전에 쟁쟁합니다.

"사망아, 너의 이기는 것이 어디 있느냐! 사망아, 너의 쏘는 것이 어디 있느냐!"(고전 15:55)

카타콤

로마는 황제의 권력을 강화하기 위해 황제숭배를 강요했습니다. 갈수록 황제숭배를 무력으로 강요하자 초대교회 성도들은 더 이상 지상에서 버틸 수 없었습니다. 그래서 피난처로 삼은 곳이 지하의 땅굴이었습니다.

카타콤이라고 불리는 이 땅굴은 로마 건축을 위해 오랫동안 토공들이 흙을 파내어 만들어진 굴이었는데 너무 많이 파고 들어가서 길을 찾기가 어려워지자 내버려 둔 것인데 로마 시민 중 가난한 자들의 시신을 버리는 공동묘지가 되었습니다.

쫓기던 성도들은 이곳을 정리하여 은신처 및 공동체의 장소로 사용하였습니다. 성도들은 박해자의 눈을 피하기 위해 더 깊게 더 길게 굴을 파고 들어갔습니다.

네로 황제로부터 콘스탄티누스 대제까지 열 명의 왕이 지나면서 250년 간 박해가 지속되었습니다. 이 기간동안 이 땅굴은 끝을 헤아리기 어려울 만큼 거미줄처럼 퍼져 나가 천연의 요새가 되었습니다.

카타콤은 당시 성도들의 저력과 힘을 보여주는 증거물이라고 할 수 있습니다. 카타콤의 길이는 다 합치면 2백 킬로미터나 되며 깊이는 8층 정도 된다고 합니다. 안내자 없이는 도저히 드나들 수 없는 곳입니다.

그러나 습기차고 어두운 이곳은 정상적으로 살만한 곳은 아니었습니다. 조악한 환경으로 인해 병약해지고, 죽는 자들이 생겨나기 시작했습니다. 그럼에도 불구하고 성도들은 죽은 자들을 위해 땅굴 속에 무덤을 파고 벽에다 내세의 소망을 말하는 성구와 자신들의 소원을 새겨 넣었습니다.

때로는 바깥 세상에 나갔다가 체포되어 큰 원형 경기장으로 끌려가 며칠씩 굶긴 사자들의 밥으로 사라져 갔습니다. 그러나 카타콤의 초대교회의 성도들은 하늘을 바라보면서 기쁨으로 노래를 불렀습니다.

초대교회 성도들은 미래의 영원한 세계를 소망하였기에 원형 경기장에서 사자들의 밥이 될 순간에 사망을 조소하듯 "사망아 너의 이기는 것이 어디 있으냐"라고 찬송시를 부를 수 있었습니다.

우리 나라가 일제 치하에 있던 1934년, 바야흐로 신사참배의 폭풍이 다가오고 있었을 때 마침 평양신학교 사경회 강사로 초빙된 주기철 목사가 그 유명한 '일사각오'라는 제목의 설교를 했습니다. 그는 설교 중에 이런 말을 했습니다.

신앙인의 첫째 덕목은 예수님을 따라서 일사각오하는 일입니다. 물러갈 자는 일치감치 물러가고 예수를 따라갈 사람은 한번 죽음을 각오하고 나서십시오. 부활의 약속이 있으므로 우리에게 일사각오가 가능합니다. 일사각오할 수 있는 사람에게는 부활은 약속되는 것입니다.

죽음의 문제가 해결된 사람은 담대합니다. 세상이 감당치 못합니다. 주기철 목사님은 부활의 약속을 믿고 부활을 소망했기 때문에 일사각오를 외칠 수 있었고, 순교자의 반열에 설수 있었습니다.

순교자

모든 순교자의 모습이 숭고하지만 특별히 베드로는 주님과 같이 똑바로 십자가에 달려 죽을 수 없다고 해서 거꾸러 달려 죽었다고 전해집니다. 베드로의 수제자 이그나티우스는 사자에게 물려 죽었는데 그의 감동 어린 비화가 전해지고 있습니다.

팔십이 넘은 이그나티우스를 향하여 재판관이 회유를 요청했습니다.

"예수를 배반하라. 그러면 살려 주겠다."

그는 단호하게 대답했습니다.

"내가 어릴 때부터 지금까지 예수를 믿어왔는데 그 분은 한번도 나를 배반하지 않았습니다. 그런데 내가 어찌 그 분을 배반할 수 있겠습니까?"

결국 그는 사자 굴에 던져졌습니다. 굶주린 사자들이 달려 들어 그의 허벅지를 물어뜯자 그는 사자를 보고 박장대소하 면서 이렇게 외쳤다고 합니다.

사자여, 빨리 내 허벅다리를 깨물어라. 그리고 내 갈비뼈를 파헤쳐라. 허파를 끌어내고 심장을 끌어내라. 그래서 나를 속 히 내 사랑하는 주님 앞으로 보내다오.

불가사이한 순교자들의 이야기는 얼른 믿어지지 않습니다. 그러나 순교자들의 이야기는 꾸며낸 이야기가 아니라 생생한 역사적인 사실입니다. 모진 핍박 속에서 기독교가 존재했다 는 그 사실 자체가 역사적 증거입니다.

오래 전에 일본의 유명한 기독교 작가인 엔도 슈샥이 쓴 두 편의 책 「예수의 생애」와 「그리스도의 탄생」이라는 소설을 감명 깊게 읽은 적이 있습니다.

엔도 슈샥은 예수님의 허무한 죽음 이후 어떻게 해서 예수 의 종교, 기독교가 혹독한 핍박에도 불구하고 급속히 팽창하 게 되었는지를 연구하다가 그 책을 쓰게 되었는데 그의 결론 은 부활이었습니다.

부활이 아니고서는 달리 설명할 길이 없었던 것입니다. 초 대교회의 비밀에 대한 실제적인 답은 부활이었습니다. 순교 자들이 가지고 있었던 영성의 핵심은 부활 신앙이었습니다.

예수님으로 인하여 죄와 죽음과 고통이 결정적으로 패배를 당했습니다. 예수님은 부활의 첫 열매가 되셨습니다. 그러므로 우리는 몸이 다시 사는 것과 영원히 사는 것을 믿음으로 고백할 수 있는 것입니다.

노예인가, 자유인인가

1941년 1월 6일, 미국의 프랭클린 루즈벨트 대통령이 연설을 하면서, 그는 인류에게 있어서 꼭 필요한 네 가지 자유를 선언했습니다. 표현의 자유, 종교의 자유, 궁핍으로부터의 자유, 공포로부터의 자유였습니다.

사람들은 자유를 갈망하고 자유인으로 사는 것을 기뻐하며 감사합니다. 우리도 자유를 잃어버리고 살던 때가 있었습니다. 그래서 투쟁했습니다. 이제 어느 정도 표현의 자유를 얻었습니다. 종교의 자유도 누리고 있습니다. 어떤 종교이든 자유롭게 믿을 수 있습니다. 궁핍으로부터도 벗어났습니다.

그러면 공포로부터는 어떻습니까? 우리에게는 전쟁의 가능성이 상존하기 때문에 아직 공포로부터 자유로운 환경에 있다고 말할 수 없습니다. 요즘은 테러가 공포의 대상이 되고 있습니다. 전쟁이나 테러만이 공포의 대상은 아닙니다. 물과 공기, 토양의 환경오염, 오존층 파괴, 암과 에이즈와 같은 불치병도 공포의 대상이며 고소공포증, 군중 공포증, 여행 공포증과 같은 비이성적인 두려움도 존재합니다.

사람들은 안전을 확보하면 공포에서 벗어나리라 생각하지

만 안전한 환경 가운데 있어도 여전히 두려움은 사라지지 않습니다. 그 두려움의 정체는 무엇입니까? 공포와 두려움은 심리적인 것입니다.

소련에서 있었던 실화입니다. 철도국에서 일하는 한 직원이 냉장고 화차 속으로 들어간 후 실수로 문이 잠겨져 버렸습니다. 아무리 빠져나가려 해도 나갈 수 없었습니다. 소리를 질러도, 힘껏 두드려 보아도, 냉장고 화차의 단단한 시설로 인하여 문밖에 있는 사람들이 전혀 듣지 못했습니다.

그 사람은 자포자기의 상태에 빠지고 말았습니다. 드디어 몸이 저려오기 시작했습니다. 그는 다가오는 죽음을 앞두고 자기의 상태를 화차의 벽에다 기록해 나갔습니다.

"점점 몸이 차가워진다…. 그래도 기다리는 수밖에 없다…. 나는 점차로 몸이 얼어옴을 느낀다…. 나는 이제 몽롱해진다…. 아마도 이것이 나의 마지막일지 모른다."

시간이 얼마 지난 후 다른 직원들이 그 냉장고 화차의 문을 열었을 때 그는 이미 시체가 되어 있었습니다. 그런데 놀라운 사실은 그 냉장고 화차는 오래 전부터 고장이 나 있었던 것입니다. 공기도 충분하고, 실내 온도는 섭씨 13도의 쌀쌀한 날씨에 불과했다는 것입니다.

그는 죽음의 공포를 이기지 못하고 죽고 말았습니다. 공포의 근원은 죽음입니다. 인간은 누구나 죽음에 대한 공포를 가지고 있습니다. 인간은 자기의 죽음 뿐 아니라 타인의 죽음도 두려워합니다.

베르자예프는 그의 책 「노예냐 자유냐」에서 "공포는 인간의 노예성의 한 표현이다"라고 했습니다. 죽음에 대한 공포는 곧 인간이 죽음의 노예임을 의미하는 것입니다.

이에 대해서 성경은 무엇이라고 말하고 있습니까? 성경은 사람들이 죽기를 무서워해서 일생동안 죽음에게 종노릇한다고 말합니다(히 2:15).

공포는 거짓을 낳습니다. 죽기까지 주님을 따르겠다고 큰소리쳤던 베드로였지만 죽음의 공포에 사로잡혔을 때 거짓을 낳았습니다. 주님을 부인했고, 나중에는 맹세하고 저주까지 하면서 부인했습니다.

이처럼 사람들은 죽음 앞에서 벌벌 떨고, 죽음 때문에 비굴해지기도 하고, 죽지 않으려고 배신을 하기도 합니다. 죽어가는 순간에도 죽지 않으려고 발버둥칩니다.

그러나 예수님은 살고자 하는 자는 죽고 죽고자 하는 자는 산다는 역설적인 말씀을 하셨고, 친히 십자가에 달리셔서 바로 죽는 모습을 인생들에게 보여 주셨습니다.

썬다싱은 예수님을 닮은 사람이었습니다. 그를 만난 사람들은 예수님을 만났다고 생각했습니다. 썬다싱이 티베트 지방에 전도 여행을 다니던 때의 일입니다.

살을 에이는 듯한 추운 어느 겨울날, 썬다싱은 동행자를 만나 같이 산길을 넘어가게 되었습니다. 얼마를 가다가 길가에 쓰러져 있는 사람을 발견하게 되었습니다. 그는 추위를 견디지 못해 죽어가고 있었습니다.

썬다싱은 얼른 달려가서 안아 일으키면서 동행하던 사람을 향해 도움을 요청했습니다.

"어서 손을 써 봅시다. 곧 일어날 것 같으오."

그 때 동행하던 사람이 대답했습니다.

"당신이나 잘해 보시오. 이 추위에 혼자서도 걷기가 힘든데 무슨 소리요!"

그리고 동행자는 총총히 사라져 버렸습니다.

길고 추운 여행길에 외롭게 남게 된 썬다싱은 그 사람을 그냥 죽게 내버려 둘 수 없어 쓰러진 사람을 등에 업고 힘겹게 마을을 찾아 나섰습니다. 그러는 동안 몸의 열기로 쓰러졌던 사람이 살아나게 되었습니다.

썬다싱이 마을 어귀에 도착해 보니 길바닥에 뻣뻣하게 굳어진 한 시체가 있었습니다. 자세히 살펴보니 먼저 혼자 살겠다고 가버린 그 사람이었습니다.

사랑은 두려움을 내어쫓습니다. 그래서 사도 요한은 이렇게 말하고 있습니다.

사랑 안에 두려움이 없고 온전한 사랑이 두려움을 내어쫓나니 두려움에는 형벌이 있음이라 두려워하는 자는 사랑 안에서 온전히 이루지 못하였느니라(요일 4:18)

죽음을 두려워하면 죽음이 멀어지는 것이 아니라 오히려 죽음에 대해 강박적이 되어 버립니다. 죽음은 그렇게 극복되는 것이 아닙니다. 죽음은 죽음을 무서워하지 아니하고 잘 죽으려는 자에게 극복이 됩니다.

다시 말하면 죽음은 오히려 죽고자 하는 자에게 피하여 살게 된다는 것입니다. 사는 것도 역시 역설적입니다. 생을 향락하려는 자에게는 생은 달아나고 오히려 생을 거부하는 자에게 생은 찾아옵니다.

예수님은 자기 목숨을 사람들을 죄에서 구원하기 위한 대속물로 바치기 위해서 이 땅에 오셨습니다. 예수님의 삶의 최대 관심은 어떻게 잘 사느냐 하는 것보다 어떻게 하면 잘 죽느냐 하는 것이었습니다. 이것은 그 분의 생애를 기록한 성경의 복음서를 읽어보면 뚜렷해집니다.

예수님은 현대인의 어름같이 차가운 지식으로는 이해하기 너무나 곤란한 존재였습니다. 예수님의 진리는 현대인의 잔재주 부리는 머리로는 도저히 이해할 수 없는 역설이었습니다.

우리가 죽음으로부터의 자유를 누리려면 예수님께서 이 세상에 오신 목적과 죽음과 부활을 통해 이루어 놓으신 일이 무엇인가를 분명히 알아야 합니다. 성경은 이렇게 말하고 있습니다.

> 자녀들은 혈육에 함께 속하였으매 그도 또한 한 모양으로 혈육에 함께 속하심은 사망으로 말미암아 사망의 권세를 잡은 자 곧 마귀를 없이 하시며 또 죽기를 무서워하므로 일생에 매여 종노릇 하는 모든 자들을 놓아주려 하심이니(히 2:14, 15)

예수 그리스도는 죽으시고 부활하심으로 우리를 사망의 권세에서 놓아 주셨습니다. 하나님의 자녀들에게는 더 이상 죽음이 공포의 대상이 될 수 없습니다. 당신은 자유인으로 살고 싶습니까, 아니면 계속 노예로 머물러 살고 싶습니까.

죽음은 잠자는 것과 같습니다.
잠자는 사람을 보고 울며 슬퍼할 일은 없습니다.
그 이유는 아침이 되면 다시 만나서
이야기할 수 있기 때문입니다.
그렇기 때문에 성도는 죽음을 두려워할
이유가 없습니다. 인간이기에
죽음을 맞이했을 때 슬픔이 없을 수는 없으나
소망으로 슬픔을 극복할 수 있어야 합니다.

제 3 장

죽기와 잘 죽기

내일 일을 자랑치 말라
마지막 말

내일 일을 자랑치 말라

나에게는 두 딸이 있습니다. 이제는 모두 대학생이 되어 어린 태를 벗어났지만 나는 아이들이 어릴 때 함께 '동물의 왕국'을 즐겨 보았습니다. 아프리카 초원의 사자나 그 외의 맹수들의 모습을 볼 때마다 느끼는 바가 많았습니다. 동물의 세계는 생존경쟁의 모습을 적나라하게 보여줍니다.

굶주린 맹수들의 눈에서는 빛이 납니다. 먹이를 사냥하는 것을 보면 온 몸에서 긴장감이 감돕니다. 소리 없이 조금씩 접근하다가 사정 거리에 접어들면 불시에 공격을 합니다. 깜짝 놀라 달아나는 먹이를 향해 전력 질주하는 모습은 번개와 같습니다.

그러나 어쩌다 동물원에서 보는 맹수들에게서는 전혀 그런 모습을 찾아볼 수 없습니다. 때 맞춰 먹을 것이 제공되므로 긴장할 필요가 없어서일 것입니다. 긴장감이 없는 맹수들의 모습은 초라해 보이기까지 합니다.

사람도 마찬가지입니다. 아무런 대책도 없이 마냥 내일로 미루며 살아가는 사람에게는 게으름과 나태만이 있을 뿐입니다. 그러나 하루하루 목표를 향해 정진하는 사람에게는 부지런함과 긴장감이 있고 하루가 바쁩니다.

성경은 우리에게 "내일 일을 자랑치 말라"고 말씀하고 있습니다. 그러나 사람들은 '결코 그런 일은 있을 수 없다'고 자만하고 방심하다가 멸망을 당합니다.

영화로 제작되어 큰 인기를 얻은 바 있는 타이타닉호 침몰과 진주만 사건은 인간의 자만과 방심이 어떠한 결과를 초래하는지 교훈하고 있습니다.

타이타닉

1912년 4월 10일, 타이타닉 호가 2천 2백 명의 여객을 태우고 영국의 사우드엠톤을 떠나 미국 뉴욕으로의 처녀 항해를 시작했습니다. 타이타닉은 그 당시 세계 최고, 최대의 여객선이었습니다.

선장은 장담했습니다.

"하나님도 이 타이타닉 호만은 침몰시킬 수 없을 것이다."

그만큼 타이타닉은 안전하고 호화로운 여객선이었습니다. 항해 나흘 째되던 14일 밤, 무전이 계속해서 타이타닉 호에 들어 왔습니다.

"항로 앞에 빙산이 있습니다. 조심하시오!"

그러나 무선사는 이 거대한 기선 앞에 빙산이 무슨 장애가 될 수 있을까 하는 마음으로 모든 경고를 무시해 버렸습니다.

여섯 번째로 똑같은 경고가 들어왔을 때 무선사는 다음과 같이 회신을 보냈습니다.

"그만 입 닥치시오! 나는 바쁘단 말이요!"

이러한 일이 있은 지 꼭 35분이 지났을 때, 그 당당함을 자랑하던 타이타닉 호는 북대서양 해상을 떠다니던 빙산을 들이받게 되었고, 배는 2시간 40분만에 침몰하게 되었습니다. 이로 인하여 1,513명의 사람들이 대서양에서 비참하게 목숨을 잃었습니다.

영화 타이타닉은 1998년 제70회 아카데미상 11개 부문을 수상하면서 1959년의 벤허와 함께 아카데미상 역사상 최다 수상 기록을 세웠습니다.

이 영화는 사실적인 사건을 픽션으로 꾸몄지만 나는 그 영화의 마지막 장면, 배가 가라앉는 마지막 순간까지 찬송가 364장 '내 주를 가까이 하게 함은' 을 연주하던 악사들의 모습을 잊을 수 없습니다. 그들의 이야기는 사실이었다고 합니다.

진주만

1941년 12월 7일에 있었던 일본의 진주만 공격은 역사를 기록하는 한 기억될 것입니다. 'Z작전' 이란 암호의 일본군 최고사령부의 진주만 공격은 전투기 출격 1년 전에 준비되었습니다.

일본군의 기습은 아침 7시 50분에 행해졌습니다. 353대의 일본 전투기는 하와이의 진주만에 들이닥쳐서 하늘을 가득히 덮고 불과 몇 시간의 무차별 공격으로 미국 태평양 함대의 심장부인 진주만의 군함과 항공모함을 쑥대밭으로 만들어 버렸습니다.

미국 전함 8척이 박살이 나고, 6개의 비행장이 다 부숴졌고, 미국의 비행기들은 거의 전부가 조각조각 파괴되었고, 무려 2,400명의 군인들이 목숨을 잃었습니다.

그런데 바로 이날 아침 7시에 레이다 실에서 근무하던 두 명의 미군이 레이다 망에 나타나는 검은 점들을 발견했습니다. 그 점은 점점 많아져서 레이다의 스크린을 까맣게 채우는 것이었습니다.

이 때는 일본 전투기들이 하와이에 나타나기 50분전이었으며, 일본 전투기들은 진주만에서 137마일 떨어진 곳을 날고 있을 때였습니다. 그렇기 때문에 이 경고대로 즉시 대처를 했으면 미국 함대는 응전해서 일본군을 물리칠 수 있었을 것입니다.

그런데 그 날은 일요일이었기 때문에 레이다 실에 근무하는 두 군인의 보고를 젊은 중위 혼자 접수하게 되었습니다. 그 중위는 그 전투기들이 미국의 켈리포니아에서 뜬 자국 전투기들이라고 생각했습니다.

중위는 레이다 실에서 보고를 가지고 온 두 사람에게 말했습니다.

"아무 걱정할 것 없다."

그 젊은 중위가 레이다의 경고를 무시해버림으로써 미국 역사상 씻을 수 없는 대 참사요 수치인 진주만 사건이 발생했던 것입니다.

주일에 일어났던 진주만 대 참사는 '항상 깨어 있어야 한다'는 교훈을 줍니다. 죽음에는 결코 휴일이 없습니다.

내일을 숨기시는 하나님

2001년 9월 11일, 동시다발 비행기 자살 테러에 의해 미국 방성 일부가 부숴지고, 뉴욕의 세계무역센터 두 동이 어이없이 무너져 내렸습니다. 누가 상상이나 했었습니까? 도중에 TV 뉴스 화면을 보게 된 사람들은 무슨 영화의 한 장면으로 착각할 정도였습니다.

사람들은 불의의 사고 없이 자신의 가족들이 보는 앞에서 늙어 자연적으로, 그리고 평안하게 눈을 감고 싶어합니다. 하지만 어떤 사람은 사업을 하다가, 여행을 하다가, 사무를 보다가, 연구를 하다가, 일을 하다가 갑자기 사라져 가는 경우가 허다합니다.

내일을 자랑하지 마십시오. 그 누구에게도 내일이 보장되어 있지 않습니다. 내일의 시간은 오직 하나님의 손에 쥐어져 있을 뿐입니다. 내일은 하나님의 비밀입니다. 사람들은 내일의 일을 알고 싶어하지만 하나님은 당신 혼자만 알고 계실 뿐 인간에게는 전혀 알리시지 않으십니다.

성경은 하나님께서 내일에 대해 감추고 계심을 이렇게 말씀하고 있습니다.

> 형통한 날에는 기뻐하고 곤고한 날에는 생각하라 하나님이 이 두 가지를 병행하게 하사 사람으로 그 장래 일을 능히 헤아려 알지 못하게 하셨느니라(전 7:14)

하나님은 은밀하게 일하십니다. 일을 숨기십니다. 이것은 인간을 겸손하게 만드시는 하나님의 지혜입니다. 그러므로 우리는 하루하루 하나님만을 의지하며 살아야 합니다. 내일을 모르는 것이 오히려 복입니다.

하나님은 아브라함에게 "너는 너의 본토 친척 아비 집을 떠나 내가 네게 지시할 땅으로 가라"고 하셨습니다. 아브라함은 고향을 떠날 때 어디로 가야 할지를 몰랐습니다. 그가 미래의 모든 일을 알고 있었다면 과연 용감하게 출발할 수 있었겠습니까?

이삭이 아브라함과 함께 모리아 산으로 올라갔을 때 처음부터 자신이 번제물이 되기 위해 제단에 바쳐져야 한다는 사실을 알았었다면 얼마나 두려웠겠습니까?

우리는 하루하루 살아가야 하는 존재입니다. 그러므로 중요한 것은 '내일'이 아니라 '오늘'입니다. 오늘이 없는 내일은 영원히 내일일 뿐입니다.

그러므로 성경은 우리에게 "세월을 아끼라"(엡 5:16)고 말씀하고 있습니다. 우리 모두 생명의 숨결이 코끝을 들고 나는 동안 세월을 아끼며 삽시다.

오늘이 생의 마지막 날이라면

사람들은 죽음에 대해 생각하면 방정맞다고 합니다. 그래서 어쩌다 죽음에 대한 생각이 떠올라도 얼른 지워버리고 맙니다. 그러나 막상 죽음을 목격하게 되면 한동안 죽음에 대해 골몰하지 않을 수 없게 됩니다.

미국 테러 사건 이후 많은 사람들이 죽음에 대해서 생각해 보았을 것입니다.

"나는 어떻게 죽게 될 것인가?"

이 물음 앞에서 자동차나 비행기 사고로 죽을 것인지, 시름시름 앓다가 죽을 것인지, 아니면 강도, 전쟁, 심장마비, 암 등 여러 가지 상상을 해보았을 것입니다.

그러나 온갖 잡다한 생각으로 시간을 보내는 것은 의미가 없습니다. 우리가 참으로 생각해야 할 것이 있습니다. 그것은 내일을 알 수 없는 삶을 어떻게 살 것인지 하는 문제입니다.

토마스 아켐피스는 "당신은 늘 최후의 순간을 장식하는 마음으로 하루하루를 뜻깊게 살아가라"고 요청했습니다. 찰스 핫지 박사는 말하기를 "우리에게 죽음이 다가왔을 때는 죽는 것 외에는 아무 것도 할 것이 없어야 한다"고 했습니다. 누가 과연 이렇게 할 수 있겠습니까?

감리교의 창시자 요한 웨슬리는 "만일 그대가 내일 밤 12시에 죽을 것을 알았다면 그 남은 시간을 어떻게 보낼 것인가?"라는 질문을 받은 적이 있습니다. 그는 이렇게 대답했습니다.

나는 그 남은 시간을 이미 작정한대로 보내겠습니다. 나는 글로체스터에서 오늘밤과 내일 아침 설교를 하고 오후에는 둑스버리로 차를 타고 가서 설교할 것이며 밤에는 회의를 가질 것입니다. 그리고는 나의 친구 마틴의 집을 방문하여 그 가족들과 함께 이야기도 하고 기도한 후에, 열 시에는 침실로 들어가 내 자신을 하늘에 계신 내 아버지께 부탁하여 맡긴 다음 나는 고요히 잠들어 영광 중에 깨어 일어나게 될 것입니다.

당신이라면 어떻게 대답하겠습니까? 불치의 병으로 얼마 살 수 없을 것이라는 진단을 받았다고 가정해보고 진지하게 한번 대답해 보십시오. 평소 살던 대로 살 수 있는 사람들이 그리 많지 않을 것입니다.

안이숙 여사의 「죽으면 죽으리라」는 '스테디 셀러'의 자리를 지키고 있습니다. '실격된 순교자의 수기'라는 부제를 달고 있는 이 책은 저자가 일제 시대 때 신앙을 지키다가 겪은 옥중생활을 중심으로 엮은 간증집입니다. 그 당시 이기선 · 주기철 · 최봉석 목사들과 다른 출옥 성도들과의 생활도 기록되어 있습니다.

안 여사는 일제 말엽에 신사참배 강요 탄압에 궐기 투쟁하다가 투옥되어 6년간 옥고를 치루고 사형 집행 몇 시간 전 1945년 광복과 함께 8월 17일 출옥하였습니다.

안 여사의 신앙을 엿볼 수 있는 '내일 일은 난 몰라요' 라는 복음성가가 있습니다. 그녀가 가사를 썼습니다. 곡을 아신다면 가사의 의미를 생각하면서 한번 불러 보십시오.

내일 일은 난 몰라요. 불행이나 요행함도 내 뜻대로 못해요. 험한 이 길 가고 가도 끝은 없고 곤해요 주님 예수 팔 내미사 내 손 잡아 주소서. 내일 일은 난 몰라요. 장래 일도 몰라요. 아버지여, 날 붙드사 평탄한 길 주옵소서

좁은 이 길 진리의 길 주님 가신 그 옛 길 힘이 들고 어려워도 찬송하며 갑니다. 성령이여, 그 음성을 항상 들려 줍소서. 내 마음은 정했어요. 변치 말게 합소서. 내일 일은 난 몰라요. 장래 일도 몰라요. 아버지여, 아버지여 주신 소명 이루소서.

만왕의 왕 예수께서 이 세상에 오셔서 만 백성을 구속하니 참 구주가 되시네. 순교자의 본을 받아 나의 믿음 지키고, 순교자의 신앙 따라 이 복음을 전하세. 불과 같은 성령이여. 내 맘에 항상 계셔 천국 가는 그 날까지 주여 지켜 주옵소서.

하루를 사는 지혜

사람들은 묻습니다. "만약 다시 태어날 기회가 있다면 어떤 나라에서 태어나고 싶습니까?", "누구와 결혼하고 싶습니까?" 역사에 만약이라는 가정이 의미 없듯이 우리 인생 중에

도 '만약'이라는 가정은 불필요합니다. 우리 인생은 단 한번 뿐이기 때문입니다. 그래서 일생(一生)이라고 합니다.

우리 나라 속담에 "철나자 망령 난다"는 말이 있습니다. 인생은 짧은 것이기 때문에 어물어물 하다가는 아무 일도 못함을 경계하는 말입니다. 하루를 마치고 잠자리에 누울 때 후회함이 없도록 하루하루 최선을 다해 살아야 합니다.

스티븐 호킹 박사는 2001년 1월, 인도 뭄바이에서 가진 강연에서 "21세 때 신체가 마비되는 병에 걸리기 전까지 나는 매우 게을렀으며 삶을 따분하게 여겼다"고 회고하고 "오래 살지 못할 것이라는 생각이 나로 하여금 더욱 많은 일을 하도록 자극했다"고 했습니다. 죽음에 대한 인식은 생을 빛나게 합니다.

유대인의 격언에 "하루하루 조금씩 자살해 가는 인생은 이 세상에도 저 세상에도 속할 수 없다"라는 말이 있습니다. 조금씩 자살을 한다는 말이 이상한 말로 들리겠지만, 이 격언에는 다음과 같은 뜻이 내포되어 있습니다.

매일 조금씩 자살한다는 말은 지나치게 고민하거나 노는 지나치게 후회하여 생기를 잃고 이로 인해 점점 정신적인 건강이나 육체적인 건강을 해쳐 나중에는 보람없이 썩어 버리는 인생을 가리킵니다.

유대인들은 매일의 생활을 즐기지 않으면 안 된다는 가르침을 받고 있습니다. 인간은 매일 새로운 기회에 혜택을 입으며, 또 나날이 새로운 기회에 의해 제공되는 도전으로 가득

차 있습니다. 이 날과 저 날이 다르기 때문입니다. 그러므로 지나치게 비관하거나 후회하거나 고민해서도 안됩니다.

유대인들의 세계에서는 자살 행위보다 더 큰 죄는 없습니다. 일찌기 유대 사회에서는 자살자는 묘지에 매장할 수 없었습니다. 묘지에 묻히지 못했다는 것은 유대인 사이에서 완전히 말살되었다는 뜻입니다.

날마다 조금씩 자기를 죽여 가는 자는 이 세상을 즐기지 않고 있으므로 이 세상에 살고 있다고 할 수 없습니다. 또 자살자는 말살되어 버리기 때문에 저 세상에서도 살 수가 없습니다.

결국 "하루하루 조금씩 자살해 가는 인생은 이 세상에도 저 세상에도 속할 수 없다"라는 말이 주는 교훈은 주어진 하루의 삶을 최선을 다해 살라는 것입니다.

'나는 너무 늦었다' 라고 말하지 마십시오. 지금 이 시간이 중요합니다. 처음부터 끝까지 잘 달리는 것이 최상이지만, 바울과 같이 중간부터라도 잘 달려 마지막을 멋지게 장식하면 됩니다.

그는 죽음의 그림자가 드리운 인생의 종착역에서 이런 고백을 했습니다.

선한 싸움을 싸우고 나의 달려갈 길을 마치고 믿음을 지켰으니 이제 후로는 나를 위하여 의의 면류관이 예비 되었으므로 주 곧 의로우신 재판장이 그 날에 내게 주실 것이니 내게만 아니라 주의 나타나심을 사모하는 모든 자에게니라(딤후 4:7~8)

나이를 먹어갈수록 '어떻게 살 것이냐' 보다는 '어떻게 죽을 것이냐'를 생각하게 됩니다. 당신은 과연 죽음 앞에서 어떤 고백을 할 수 있을까요? 나와 당신, 그리고 우리 모두 바울과 같이 고백을 할 수 있는 사람이 되기를 소망합니다.

잘 죽기 위하여 기도하자

나는 교인들에게 늘 강조하는 것이 있습니다. 주일에 교회에 나와서 새로운 뭔가를 들으려고 하기보다는 하나님 앞에 설 때 어떤 모습으로 설 것인지 자신의 모습을 돌아보는 시간을 가지라고 말합니다.

기도할 때도 내일, 모래, 십 년 후를 위해 기도하지 말고 오늘 하루를 위해 기도하자고 말합니다. 그 날 괴로움은 그 날에 족하기 때문이다.

유한한 삶을 살면서 우리가 할 수 있는 가장 값진 기도는 무엇이겠습니까? 세계의 평화를 위해서, 또는 남북의 통일을 위해서 마지막 기도를 드려야 할 것이라고 생각하십니까? 중동의 한 신비주의자가 이런 고백을 했다.

젊은 시절, 나는 혁명가였고 하나님께 대한 나의 기도 또한 혁명적이었습니다. "주님, 내게 세계를 변화시킬 수 있는 능력을 주옵소서!"

중년이 되어 가면서, 나는 한 사람도 변화시키지 못한 채 반평생을 보냈음을 알게 되었습니다. 그래서 나는 기도를 바꾸었

습니다. "주님, 나와 접촉하는 사람들, 내 가족과 친구들만이라
도 변화시킬 수 있는 은혜를 허락하신다면 정말 만족하겠습니
다."

이제 노인이 되고 나의 연수가 거의 다함을 느끼고 나서야,
내가 얼마나 어리석었던가를 깨닫기 시작했습니다. 이제 나의
유일한 기도는 이것입니다. "주님, 나 자신을 변화시킬 수 있는
은혜를 주옵소서."

만약 내가 처음부터 이렇게 기도했더라면, 내 인생을 허비하
지 않았을 텐데…….

바로 나의 고백이요, 나와 함께 한 동역자들의 고백이었습
니다. 우리는 풍동을 변화시키겠다는 원대한 꿈을 가지고 교
회를 개척했고, 온갖 노력을 다 해보았습니다. 그러나 우리가
기대한대로 변화의 바람은 불지 않았습니다. 지금도 풍동은
복음의 황무지로 남아 있습니다.

세월이 흐른 후, 그것도 10년이라는 긴 세월이 흐른 후 우
리들의 입에서는 '하나님은 풍동이 아니라 내가 변화되기를
원하셨다' 는 고백이 흘러 나왔습니다. 변화는 내 안에서부터
이루어져야 합니다. 세계를 변화시키기 원합니까? 먼저 나의
변화를 위해 기도해야 합니다.

그리고 잘 죽기 위해 기도해야 합니다. 사람들이 죽음을 두
려워하는 것은 죽음 그 자체보다도 죽어 가는 과정이라고 말
합니다. 죽는다는 것은 병들고, 고통 당하고, 남에게 의지하
고, 외로운 것이기 때문입니다. 죽는 것을 두려워하는 것은

부끄러운 일이 아닙니다.

예수님조차도 죽음에 대한 두려움을 가지셨습니다. 죽음 앞에서 고뇌하며 겟세마네 동산에서 땀을 흘리며 기도하셨습니다. 인간의 땀방울은 죄로 말미암은 것이지만 예수님의 땀방울은 죄를 대신하기 위한 땀방울이었습니다.

예수님의 땀방울은 핏방울로 변해갔습니다. 예수님이 언제 이렇게 기도한 적이 있었습니까? 겟세마네 동산에서의 기도는 목숨을 건 기도였습니다. 이렇게 기도하셨기 때문에 예수님은 죽음의 두려움을 이기고 십자가의 길을 묵묵히 걸어가실 수 있었습니다.

반면에 베드로는 어떻게 했습니까? 예수님에게 함께 기도할 것을 요청을 받았으나 피곤을 이기지 못하고 예수님께서 기도하시던 동안 내내 잠만 잤습니다. 결국 베드로는 예언대로 죽음의 두려움에 사로잡혀 예수님을 부인하고 배반하고 말았습니다.

우리도 예수님과 같이 잘 죽기 위하여 기도해야 합니다. 그러면 우리의 죽음은 분명 다른 사람들에게 선물이 될 수 있는 은혜로운 죽음이 될 수 있으리라 확신합니다.

이 세대를 본받지 말라

영성 신학자 리차드 포스터는 「돈, 섹스, 권력」이라고 책을 통해서 이 시대의 우상들을 지적했습니다. 돈, 섹스, 권력 이

가운데서 오늘날 최고의 우상은 돈입니다.

사람들은 "뭐니(money) 뭐니(money)해도, 머니(money)가 제일이야"라고 말합니다. 교인들이 가장 예민하게 반응하고, 목회자들이 교인들에게 하기 어려워하는 설교도 뭐니 뭐니해도 머니, 즉 돈에 관한 것입니다.

돈 자체가 나쁜 것은 아닙니다. 돈은 나쁜 것도 좋은 것도 아닙니다. 사람이 어떻게 쓰느냐에 달려 있습니다. 돈이 있으면 분명히 편리합니다. 그러나 편안한 것은 아닙니다. 돈이 많아지면 근심도 그만큼 많아지게 됩니다.

이 시대의 풍조를 엿볼 수 있는 것 중의 하나가 복권입니다. 요즘 즉석 복권 열풍이 불고 있습니다. 2000년 통계에 의하면 모두 2억 7천만 장, 4천억 원이 팔렸다고 합니다. 지금 추세라면 2003년에는 2조원이 될 것이라는 전망도 있습니다. 우리 사회가 대박 터뜨려 팔자 고쳐보려는 한탕주의로 흐르고 있는 것 같아 안타깝습니다.

예수님은 하나님을 사랑하는 일과 재물을 사랑하는 일의 관계를 이렇게 말씀하셨습니다.

한 사람이 두 주인을 섬기지 못할 것이니 혹 이를 미워하며 저를 사랑하거나 혹 이를 중히 여기며 저를 경히 여김이라 너희가 하나님과 재물을 겸하여 섬기지 못하느니라(마 6:24)

재물을 사랑하면 하나님을 잃어버립니다. 아무리 많은 재물을 가진다 할지라도 하나님을 잃어버리고 천국을 잃어버린다면 무슨 소용이 있겠습니까? 오늘의 성도들은 잠언에 기록된 기도를 드릴 수 있어야 합니다.

> 나로 가난하게도 마옵시고 부하게도 마옵시고 오직 필요한 양식으로 내게 먹이시옵소서 혹 내가 배불러서 하나님을 모른다 여호와가 누구냐 할까 하오며 혹 내가 가난하여 도적질하고 내 하나님의 이름을 욕되게 할까 두려워함이니이다(잠 30:8, 9)

또한 포르노 산업이 번영을 누리고 있습니다. 그 이유는 인터넷을 통한 돈벌이는 역시 성인물이 최고라는 생각 때문입니다. 불나방이 불 속에 뛰어들 듯 향락을 몸에 던지는 사람들이 많습니다. 무릇 향락의 생활은 그 뒷면에 견딜 수 없는 고독이 있고 향락의 도가 크면 클수록 그와는 반대로 고난과 죽음을 두려워하는 면도 커지게 됩니다.

이 세상 풍조가 거센 파도처럼 밀려오고 있습니다. 성도들은 이 세상 풍조에 물들지 않도록 자신을 지키며 그리스도를 바라 보아야 합니다. 경건을 추구하는 삶의 유익은 그 속에서 남모르는 재미가 쏟아져 나올 뿐 아니라 마침내 영원한 생명을 누릴 수 있는 소망이 그 가운데 충만해지고 죽음을 능히 극복할 수 있게 되는 것입니다.

마지막 말

9 · 11 테러로 뉴욕의 세계무역센터(WTC)가 무너졌을 때 느닷없이 수 천명의 사람들이 죽음을 맞이했습니다. 이 때 희생자들은 사망 · 실종 직전에 사랑하는 사람들에게 휴대폰이나 전화를 이용해서 마지막 말을 남겼습니다. 다음은 미국 언론에 보도된 희생자들의 마지막 한마디입니다.

여보 사랑해. 뭔가 엄청난 일이 벌어진 것 같아. 그런데 나는 아마 살 수 없을 것 같아. 여보 사랑해. 아이들을 잘 부탁해.(보스턴 글로브, 지난 달 WTC 직장에 취직해 출근을 시작한 스튜어트 멜처(32)가 부인에게)

사랑해. 나는 지금 WTC에 있는데 이 빌딩에 뭔가가 충돌한 것 같아. 내가 여기서 빠져나갈 수 있을지 모르겠어. 여보 정말 당신을 사랑해. 살아서 당신을 다시 봤으면 좋겠어. 안녕….(CNN, 채 권거래 회사 캔터 피츠제럴드의 채권 브로커 케네스 밴 오켄이 실종전 부인에게)

여보! 나 브라이언이야. 내가 탄 비행기가 피랍 됐어. 그런데 상황이 아주 안 좋은 것 같아. 여보. 나 당신 사랑하는 거 알지? 여보, 인생 즐겁게 살아. 최선을 다하여 살고…. 나중에 다시 봐.(보스턴 해럴드, WTC 빌딩에 충돌한 UA175기에 탑승한 승객 브라이언 스위니가 부인에게 자동응답기에 남긴 메시지)

난 아무래도 여기에서 빠져나갈 수 없을 것 같아. 넌 정말 좋은 친구였어.(뉴욕타임스, 한 남성이 유스쿨대학에 다니는 친구에게 e메일로)

엄마! 이 건물이 불에 휩싸였어. 벽으로 연기가 마구 들어와. 도저히 숨을 쉴 수가 없어. 엄마 사랑해. 안녕….(콕스 뉴스 서비스, WTC에 갇혔던 베로니크 바워(28)가 어머니에게 전화로)

여보! 당신을 정말 사랑해. 사랑해. 사랑해. 사랑해…. 우리 딸 에미도 정말 사랑해. 애 좀 잘 돌봐줘. 당신이 남은 인생에서 어떤 결정을 하든 행복해야 돼. 난 당신의 모든 결정을 존중하겠어.(NBC, UA93기 승객 제르미 글릭이 부인에게)

희생자들이 남긴 마지막 한마디는 '당신을 사랑해요…안녕…' 이었습니다. 이렇게 몇 마디라도 남기고 간 사람들은 다행입니다. 아무 소식도 없이 죽거나 실종된 사람들이 태반입니다. 이들 가족들의 가슴에는 한이 남습니다.

유언장을 써보자

우리 나라 속담에 "대문 밖이 저승이다"라는 말이 있습니다. 사람은 언제 죽을지 모른다는 말입니다. "사자밥 싸 가지고 다닌다"는 말도 역시 언제 어디서 죽을지 모른다는 말입니다.

우리가 건강하며 힘이 넘칠 때는 죽음에 대해서 깊이 생각하지 않습니다. 그러나 죽음은 예고 없이 갑자기 다가옵니다. 내일 살아 있을 것이라고 장담할 수 없음을 인정한다면 인간관계를 미완성으로 남겨두지 않도록 미리 준비해보십시오. 그 한 가지 방법으로 미리 유언장을 써 두는 것입니다.

어느 여인이 가족들을 떠나 한적한 곳에서 인간관계 훈련을 받으면서 남편과 자녀들에게 남길 유언장을 작성했습니다. 책 속에 꽂아 둔 것을 그녀의 남편이 읽게 되었습니다. 남편에게 쓴 내용은 이러했습니다.

당신에게

미안하다는 말밖에 더 할말이 없군요. 나 사는 것에 연연해서 당신에게는 눈 돌리지 못하고 당신의 입장을 생각해 주지 못해서 참으로 상처를 많이 받았을 거예요. 너무 너무 미안하다는 말 밖에 더 할말이 없군요.

내가 당신에게 상처준 건 당신이 잘못해서 그런 것이 아니고 나 자신의 상처를 드러낸 것 뿐임을 고백합니다. 내 말로 인해서 상처받았던 그 모든 것을 잊어버리기 원합니다.

당신은 참으로 괜찮은 사람인데 내가 너무나 못된 말을 많이 해서 당신의 삶에 상처를 주어서 미안합니다. 당신은 나를 좋아했지만 나 자신은 그럴 자격이 없다는 생각에 그 사랑을 받아들이지 못하고 확인하는 과정에서 많은 싸움과 다툼이 일어난 것이지요.

잘해보려고 노력을 했지만 무언지 알 수 없는 힘이 자꾸 화를 내게 해서 가정의 문제를 일으키게 된 것이지요. 그러면서도 모든 잘못을 당신과 아이들에게 돌렸던 것이구요. 나 자신의 모든 부족함에 화가 났고 그 화를 나 자신에게 아니라 당신과 아이들에게 폭발시켰던 것입니다. 미안합니다. 너무나 미안합니다. 나로 인해서 받았던 그 모든 것을 하나님께서 보상해 주시기를 원합니다.

사람은 죽음을 생각하면 진지해집니다. 평소에 체면 때문에, 또는 자존심 때문에 가슴에 담아 두고 하지 못한 말도 솔직하게 표현합니다. 그래서 유언은 소중하고 귀한 것입니다.

그녀의 남편은 이 유언장을 읽고 나서 눈시울이 뜨거워졌습니다. 아내의 본심을 알 것 같았습니다. 그 동안 섭섭했던 마음이 눈 녹듯 녹아 내렸습니다. 왜 그랬을까요? 아내가 진심으로 사과하고 용서를 구했기 때문이었습니다.

내 마음에 상처를 주었던 사람을 용서해 주었습니까? 반대로 내가 마음의 상처를 입힌 사람에게 용서를 구했습니까? 이것은 우리가 죽음을 앞두고 반드시 해결하고 넘어가야 할 중요한 문제입니다.

흔히 유언장이라고 하면 재산 상속을 위해 법률적인 효력을 나타낼 수 있는 유언장을 생각합니다. 물론 그런 유언장이 필요한 분들이 있을 것입니다. 하지만 가슴에 맺힌 것들을 풀어 줄 수 있는 사랑의 편지로서의 유언장이 되어야 하지 않겠습니까? 글을 쓰기 어려운 경우에는 녹음하거나 비디오 녹화를 통해 유언할 수도 있습니다.

가상칠언

예수님은 돌아가실 때 무슨 말씀을 남기셨을까요? 복음서에 예수님이 십자가에 달려 죽어 가시면서 남기신 일곱 마디의 말씀이 기록되어 있습니다. 이것을 가리켜 가상칠언(架上七言)이라고 합니다.

▶첫 번째 말씀
"아버지여 저희를 사하여 주옵소서 자기의 하는 것을 알지 못함이니이다"(눅 23:34)

예수님을 십자가에 못박은 자들은 한마디로 무지한 자들이었습니다. 자기 자신에 대한 무지, 예수 그리스도에 대한 무지로 말미암아 자신들이 하는 일이 죄인지도 모르고 엄청난 죄를 저질렀습니다. 그러나 예수님은 무지한 저희들을 불쌍히 여기셨습니다.

▶두 번째 말씀
"내가 진실로 네게 이르노니 오늘 네가 나와 함께 낙원에 있으리라"(눅 23:43)

어떤 사람은 "이제는 늦었다"고 자포자기합니다. 그러나 예수님과 함께 십자가에 달린 한 강도는 죽기 일보 직전 구원을 받았습니다. 구원받고 은혜 받는 일에 있어서 늦었다는 말은 있을 수 없습니다. 오늘, 지금이 바로 은혜 받을 때입니다.

▶세 번째 말씀

"여자여 보소서 아들이니이다 보라 네 어머니라"(요 19:26, 27)

예수님은 하나님의 아들로서 인류를 구원하기 위한 일에 충성을 다하셨습니다. 하지만 인자로서 육신의 어머니를 소홀히 하지 않았습니다. 마지막 순간까지 어머니를 생각하며 연민과 사랑을 보여주었습니다.

▶네 번째 말씀

"엘리 엘리 라마 사박다니 / 하나님이여, 하나님이여, 어찌하여 나를 버리시나이까"(마 27:46)

예수님은 우리의 모든 죄를 대신 짊어지시고 속죄의 제물이 되셨습니다. 하나님은 철저히 심판하셨습니다. 예수님의 절규는 사죄의 제물이 되셨음을 보여주는 것입니다. 예수님은 하나님께 철저히 버림을 당하셨습니다. 이것은 우리를 대신한 버림당함이었습니다. 이로 인해 우리는 더 이상 하나님께 버림을 당하는 일이 없게 된 것입니다.

▶다섯 번째 말씀

"내가 목마르다"(요 19:28)

하나님이시지만 인간의 몸을 입은 예수님은 사람들과 똑같이 육체의 한계와 희노애락의 감정을 느끼셨습니다. 배고파 하셨고, 기뻐하셨고, 민망해하셨습니다. 그리고 십자가상에서 더 이상 갈증을 참지 못하고 "목마르다"고 외치셨습니다.

▶여섯 번째 말씀

"다 이루었다"(요 19:30).

'이루었다' 라는 말에는 '끝내다', '지키다', '지불하다' 라는 의미가 담겨 있습니다. 예수님은 오신 목적을 성공적으로 끝내셨습니다. 또한 잉태, 출산, 성장, 생애, 수난, 십자가 등 자신에 대해 예언되어진 말씀들을 다 지키셨습니다. 그리고 죄 아래 팔린 인간들의 죄 값을 완전히 지불하여 자유케 하셨습니다.

▶일곱 번째 말씀

"아버지여 내 영혼을 아버지 손에 부탁하나이다"(눅 23:46)

예수님은 자신의 영혼을 아버지의 손에 부탁하는 마지막 기도를 통하여 우리들에게 죽음에 직면할 때 우리 영혼을 아버지께 맡겨야 함을 가르쳐 주셨습니다. 초대 교회의 최초의 순교자 스데반 집사는 예수님의 임종을 본받아 그렇게 기도하고 생을 마쳤습니다.

작별 인사

죽음을 대면할 때 사람들은 무엇을 생각할까요? 죽을 때의 고통을 생각할 수도 있고, 죽음 이후의 삶을 생각할 수도 있을 것입니다. 무엇보다도 깊이 생각해 보아야 할 것이 있습니다. 그것은 우리가 죽은 후에 남아 있는 가족들에게 어떤 일이 일어날지를 생각해보는 일입니다.

우리는 아름다운 작별을 할 수 있어야 합니다. 헨리 나우웬은 이 점을 중요한 문제로 다루었습니다. 그는 아름다운 작별에 대한 나의 생각을 다듬어 주었고, 또한 풍성하게 만들어 주었습니다.

예수회의 사제이며 심리학자로서 예일과 하버드 대학의 교수 생활을 하던 헨리 나우웬은 1986년 이후 1996년 9월 심장마비로 세상을 떠나기까지 정신박약장애인 공동체인 라쉬르의 캐나다 토론토 지부인 데이브레이크에서 장애인들과 함께 생활해 왔습니다.

그가 마지막으로 남긴 365일 묵상집 「영혼의 양식」(두란노)은 1995년 9월부터 집필을 시작하여 1996년 4월에 완성한 책으로서 그의 20여 권의 저서들 중에서 단연 두드러진 위치를 차지합니다.

그 책에 '감사하는 마음으로 죽기', '우리의 죽음을 선물로 만들기' 등 십여 편의 죽음에 대한 글들이 실려 있는데 그의 글들은 우리의 죽음을 아름답게 장식하고 멋지게 이별을 할 수 있는 있도록 이끌어 줍니다.

그의 글에 큰 감동을 받고 그의 저서들을 조사하다가 죽음에 대한 두 권의 책이 있음을 알게 되었습니다. 헨리 나우웬이 데이브레이크에서 사역하던 어느 추운 겨울날 한 장애 소년을 학교에 데려다 주기 위해 빙판길을 나섰다가 자동차 사고를 당하게 됩니다. 그 때 그는 죽음의 문턱에 가게 되었지만 다시 건강을 회복하였습니다.

그는 삶과 죽음의 경계에서 겪은 영적인 체험을 통해 「거울 너머의 세계」(두란노)와 죽음과 돌봄에 대한 묵상집인 「죽음, 가장 큰 선물」(홍성사)을 남겼습니다.

우리가 어떠한 모습으로 죽느냐 하는 문제는 살아 남아 있는 사람들에게 오랫동안 지대한 영향을 미칩니다. 그러므로 우리는 떠나기 전에 가슴에 맺힌 것 없이 풀고 가고, 또 풀어 주고 가야 합니다.

예수님은 산상수훈에서 화해의 중요성을 이렇게 강조하셨습니다.

그러므로 예물을 제단에 드리다가 거기서 네 형제에게 원망 들을만한 일이 있는 줄 생각나거든 예물을 제단 앞에 두고 먼저 가서 형제와 화목하고 그 후에 와서 예물을 드리라"(마 5:23, 24)

촛불은 다 타고 꺼지기 직전에 마지막 불꽃을 밝게 태우면서 사라집니다. 인간은 죽음을 맞이하며 마지막으로 의식을 되찾을 때가 있습니다. 의사들은 유언을 위한 최후의 기회라고 말하기도 합니다. 이 기회를 놓치지 말아야 합니다.

그래서 나는 교인 중 누군가 임종이 가까웠다고 판단이 되면 반드시 하는 일이 있습니다. 임종을 앞둔 분의 의식이 아직 남아 있을 때 그의 가족, 친척들을 한 자리에 모이도록 해서 작별 인사를 하도록 합니다.

임종을 앞둔 분에게 가족들을 향해서 마음껏 속 이야기를 하게 하고, 가족들 또한 떠날 사람에게 잘못을 고백할 것이 있으면 하게 하고, 용서를 빌거나 용서해 주도록 권합니다.

나는 이런 시간을 갖고 난 후 환자가 잠자듯 편안하게 세상을 떠나는 경우를 자주 경험하였습니다. 용서와 화해는 결박을 풀어주고 심령의 자유함과 평안함을 얻게 하는 일입니다.

남기고 싶은 말

영국의 회중 교회의 목사님이셨던 죠셉 파커는 많은 사람들로부터 존경을 받으셨는데 묘비와 관련된 아름다운 이야기가 전해지고 있습니다.

사모님이 세상을 떠났을 때 파커 목사님은 비석에 우리 사회에서 보편적으로 사용되는 말을 새겨 넣지 못하도록 했습니다. 그 대신 사망 일자 밑에 사망이라는 말 대신에 '승천하다' 라는 말을 새겨 넣도록 했습니다. 파커 목사님은 사모님의 몸이 무덤에 묻혔지만 실체는 주님이 계신 천국으로 옮겨

갔다는 사실을 상기하고 큰 위로를 받았습니다.

그 목사님은 죽음으로서 모든 것이 끝나는 것이 아니라 죽음 뒤에 영광스러운 세계가 있음을 보았기에 그와 같은 일을 할 수 있었던 것입니다.

그 후 파커 목사님도 세상을 떠났습니다. 그러자 그의 친구들은 그의 비석에 '1902년 11월 28일에 승천하다' 라고 적어 넣었습니다.

1963년 5월 12일, 탁월한 저술가요 설교자였던 A. W. 토저가 심장마비로 세상을 떠났습니다. 그의 묘비에는 '하나님의 사람' 이라는 간단한 비문이 새겨졌습니다. 저 역시 '하나님의 사람' 으로 기억되기를 원하고 있습니다.

19세기 보스턴 성공회 감독이었던 필립스 부룩스 목사님은 어머니가 세상을 떠나자 '여자여 네 믿음이 크도다' 라는 마태복음 15장 28절을 새겨 넣었습니다. 흉악한 귀신들린 딸을 고치기 위해 예수님께 간구할 때 개 취급을 받으면서도 개의치 않고 오로지 딸을 위해 매달렸던 여인에게 하셨던 그 말씀이었습니다.

묘비에 남기고 싶은 말, 또는 내가 죽은 후 사람들에게 어떤 말을 듣고 싶은지를 생각해 보는 일은 내가 무엇을 가장 소중하게 생각하는지를 발견케 하는 효과가 있습니다.

지난 해 연말에 우리 교인들에게 언젠가의 작별을 생각하면서 가족들에게 남길 유언장과 묘비에 적을 말을 적어 내도록 과제를 주었던 적이 있습니다. "아무 생각도 나지 않는다"

고 말하는 사람도 있었고, 짜증을 내는 사람도 있었습니다.

유언장을 쓰거나 남길 말을 생각하는 일은 간단히 되는 일이 아닙니다. 죽음을 현실로 인식할 수 있어야 하고, 자신의 삶을 돌아볼 수 있어야만 할 수 있는 일입니다. 당신은 어떤 말을 남기고 싶습니까?

표현한 만큼 자유롭다

요즘 교회에서 결혼 예비학교를 운영합니다. 결혼은 할 수도 있고 안할 수도 있습니다. 요즘은 몇 번씩 결혼을 하는 사람들도 있습니다. 그러나 장례는 단 한번 뿐이며 누구나 겪어야 하는 것입니다. 그렇다면 결혼식보다 더 중요한 것이 장례식이 아닙니까?

일각에서 결혼식만 준비할 것이 아니라 죽음 준비를 위해 임종학교도 운영해야 하지 않느냐는 의견이 있습니다. 옳은 말입니다. 임종도 역시 준비해야 합니다. 우리 교회에는 노인들이 많은 편입니다. 그래서 60세가 넘으신 분들을 대상으로 임종학교를 운영할 계획을 하고 있습니다.

요즘 각 교회마다 내적 치유 사역을 활발히 하고 있습니다. 바람직한 일입니다. 유행으로 끝나지 않았으면 좋겠습니다. 내적 치유가 목표하는 것 중의 하나는 억압된 감정을 풀어놓음으로써 성령의 자유로운 역사와 내적인 평화를 맛보게 하는데 있습니다. 내적 치유는 감추고 억압했던 것을 드러내어

183

표현하는 것으로부터 시작됩니다.

그 예로 시편 42편을 보십시오. 다윗은 원수들이 자신을 비방하며 대적할 때 하나님께 그의 고통스런 심정을 정직하게 토로하였습니다.

하나님이여 사슴이 시냇물을 찾기에 갈급함 같이 내 영혼이 주를 찾기에 갈급하나이다 내 영혼이 하나님 곧 생존하시는 하나님을 갈망하나니 내가 어느 때에 나아가서 하나님 앞에 뵈올고 사람들이 종일 나더러 하는 말이 네 하나님이 어디 있으뇨 하니 내 눈물이 주야로 음식이 되었도다(중략)

내 뼈를 찌르는 칼 같이 내 대적이 나를 비방하여 말하기를 네 하나님이 어디 있느냐 하도다 내 영혼아 네가 어찌하여 낙망하며 어찌하여 내 속에서 불안하여 하는고 너는 하나님을 바라라 나는 내 얼굴을 도우시는 내 하나님을 오히려 찬송하리로다

다윗은 대적들의 말에 낙망하고 불안해하는 자신의 감정을 솔직하게 드러내서 표현하였습니다. 그런 다음 그는 180도 돌변하여 도우시는 하나님을 찬양하고 있습니다. 자신의 문제를 정직하게 표현할 수 있다면 반은 치료받은 것입니다.

내적 치유의 여러 기법 중에 '이야기 요법'이라는 것이 있습니다. 사람은 자신이 할 수 있는 이야기의 깊이 만큼 영혼의 자유함을 누릴 수 있습니다.

조금 지나치다고 생각할는지 모르겠지만 사람들이 나의 목회를 '죽음 목회'라고 말할 정도로 나는 설교 때마다 죽음에

대한 이야기를 하고 있고, 심지어 결혼식 주례를 하면서도 슬쩍 죽음 이야기를 하기도 합니다. 그렇기 때문에 우리 교인들은 비교적 자연스럽게 죽음 이야기를 하는 편입니다.

나는 말한 만큼 자유로워진다는 사실을 경험했습니다. 우리가 어떤 주제이든 허심탄회하게 이야기 할 수 있다는 것은 거기에 대해 자유롭다는 증거입니다.

죽음의 공포에서 자유로워질 수 있는 방법도 원리는 같습니다. 표현하면 빠져 나오지만 감추면 노예가 됩니다. 유언장 쓰는 일조차 겁이 난다면 그것은 당신이 죽음에게 노예가 되어 있다는 사실을 증거하는 것입니다. 내세에 대해 이야기해 보십시오. 그러면 당신은 그만큼 죽음에서 자유로워질 수 있을 것입니다.

내일을 자랑하지 마십시오.
그 누구에게도 내일이 보장되어 있지 않습니다.
내일의 시간은 오직 하나님의 손에
쥐어져 있을 뿐입니다.
내일은 하나님의 비밀입니다.
사람들은 내일의 일을 알고 싶어하지만
하나님은 당신 혼자만 알고 계실 뿐
인간에게는 전혀 알리시지 않으십니다.

제4장

은혜로운
장례식을 위하여

천국 환송식

이렇게 해보자

천국 환송식

임종을 맞이하고 장례를 치루는 일은 흔히 있는 일이 아닙니다. 더구나 감정이 복받치는 일입니다. 그렇기 때문에 어느 정도 절차를 알고 있어도 막상 환자가 운명을 하면 가족들은 정신이 없어 허둥지둥하게 됩니다. 병중에 있던 환자를 떠나보낸 경우는 그나마 다행입니다. 어느 정도 마음 준비가 되어 있기 때문입니다.

그러나 아무런 예고도 없이 갑자기 세상을 떠나는 일이 얼마나 많습니까? 그럴 경우 유족들은 당황할 수 밖에 없습니다. 사망신고, 빈소 마련, 장의품 구입, 부고(訃告), 묘지 마련, 문상객 접대, 음식 준비 등등 짧은 시간에 이 같은 일을 처리하려면 유족들은 정작 슬픔을 느낄 경황이 없는 것이 현실입니다.

그러므로 사전에 장례와 관련된 모든 절차와 처리 방법을 정확히 알아 둘 필요가 있습니다. 무엇보다도 마음 자세가 중요합니다. 우리 성도들에게 있어서 장례는 천국 환송식입니다. 이 점을 분명히 기억한다면 장례에 임하는 마음이 한결 편안하고 은혜로울 것입니다.

중요한 마지막 순간

골고다 언덕 위에 십자가가 세워지고 예수님과 함께 강도 둘이 십자가 우편과 좌편에 매달렸습니다. 처음에 강도들은 사람들의 말을 듣고 같이 예수님을 조롱하며 욕을 했습니다 (마 27:44). 그러나 마지막 순간 한 편의 강도는 예수님이 메시아인 것을 깨달았습니다.

그는 예수님께 부탁했습니다.

"예수여 당신의 나라에 임하실 때에 나를 생각하소서"(눅 23:42).

예수님은 기꺼이 받아주셨습니다.

"내가 진실로 네게 이르노니 오늘 네가 나와 함께 낙원에 있으리라"(눅 23:43).

한 강도는 마지막 순간에 구원을 받았습니다. 예수님은 회개하고 믿음으로 고백하면 마지막 순간에도 구원해 주십니다. 임종의 순간은 불신자가 구원받을 수 있는 마지막 순간입니다. 신자에게도 중요합니다. 마지막을 잘 장식해야 하기 때문입니다.

그러므로 나는 임종 때가 가깝다고 판단되면 그 어느 때보다 자주 찾아갑니다. 거리가 멀어도 마다하지 않습니다. 때로는 작정 예배를 드리기도 합니다. 마지막 순간이 너무나 중요하기 때문입니다.

임종을 앞두고 종종 눈에 보이지 않는 영적인 싸움을 벌여야 할 때가 있습니다. 그렇기 때문에 교인들은 목회자를 불러 도움을 받아야 할 필요가 있습니다.

우리 교회의 고인숙 성도의 간증을 그 한 예로 소개하고자 합니다.

2000년 9월 어느 날 저는 아름다운교회에 오게 되었습니다. 아주 우연히 이곳에 살고 있는 이상임 집사를 만나러 왔었습니다. 그 날이 토요일이었기 때문에 이 집사는 주일예배 준비를 위해 교회에 있었으므로 저는 그를 만나기 위해 교회로 왔습니다.

저는 교회에 발도 들여놓기 싫어하던 사람이었습니다. 그런데 참으로 이상한 것은 그날 서슴없이 교회에 와서 아주 편안한 마음으로 처음 대하는 분들과 음식을 먹으며 시간을 보냈습니다.

그리고 안 목사님을 만나게 되었지요. 목사님께서 악수를 청하시며 처음 하신 말씀은 "자매님은 교회에 나오셔야 하겠습니다"였습니다. 저는 그냥 웃고 말았습니다.

그 다음날이 주일날이었습니다. 아들을 데리러 교회에 가야 했습니다. 그런데 예기치도 않게 저의 발길이 이층 예배당으로 향하더군요. 그리고는 기도를 하면서 펑펑 흐르는 눈물을 참을 수가 없었습니다.

그 다음주부터 교회에 나오게 되었는데 정말 많은 갈등을 느끼고 방해도 받았습니다. 그러나 왜 그런지 지고 싶지가 않았습니다. 성격 자체가 단순한 저는 마귀가 방해한다고 생각했습니다.

12월초 목사님과 몇몇 성도 분들이 저희 집으로 심방을 오셨습니다. 오랜 세월을 심한 치매로 고생하시고 있는 시아버님 때문이었습니다. 목사님은 작정예배를 드리자고 하셨습니다. 저는 그 기간동안 보지도 듣지도 못한 영적인 것들을 체험하게 되었습니다.

기도와 찬송 앞에 무섭게 거칠어지던 시아버님이 순해지다가도 순간 악귀처럼 돌변하고, 무서운 힘으로 반항하기도 하고, 거친 욕들을 하기도 했습니다. 신앙심이 없던 저에게는 참으로 견디기 어려운 날들이었습니다. 많은 말 중에 "세 사람은 죽이고 갈 수 있어"라고 할 때는 정말 밤잠을 이룰 수 없었습니다.(중략)

마침내 작정예배가 끝나고 아버님은 몰라보게 좋아지셨습니다. 목사님께서 걸어주신 십자가를 보시고는 두 손 모아 "주여, 주여, 주여, 나사렛 예수여"하시면서 "속이 다 시원하네"라고 하셨습니다.

해가 바뀌고 그 오랜 세월을 지배하고 있던 나쁜 영은 떠나고 온전한 아버님만이 남았습니다. 그리고 2001년 1월 16일 새벽 목사님과 아버님은 마지막 예배를 드리셨습니다. 아버님은 성경책을 가슴에 품고 조용히 세상을 떠나셨습니다.

하늘보고 노리질을 하던 저를, 그 곧은 목을 주님께서는 아버님을 통해서 꺾어 놓으셨습니다. 아버님, 아버님이 하시던 말씀을 늘 기억하겠습니다. "온 몸으로 믿어야 해"라고 하셨죠.

먼 거리에 있는 저희 집까지 언제라도 달려와 주신 목사님과 저를 아름다운교회로 보내주신 주님께 감사드립니다.

가능하면 환자의 의식이 남아 있을 때 임종예배를 드리도록 하는 것이 바람직합니다. 비록 임종예배를 드리고 나서 다시 회생하는 경우가 있더라도 운명하기 전에 임종예배를 드리는 것이 좋습니다. 예배 중에 죄의 고백과 그리스도를 믿음으로 용서받게 됨을 확신시켜 주어야 합니다.

만약 환자가 불신자라면 의식이 있을 때 복음을 전하고 예수를 영접하도록 적극 권면할 필요가 있습니다. 때를 놓쳐 환자가 혼수 상태에 빠지게 되면 그 때는 아무런 분별을 하지 못하게 되고 따라서 회개할 수 있는 기회를 얻지 못하게 됩니다.

병자에게 꼭 물어볼 말이 있으면 내용을 간추려서 병자가 대답하기 쉽게 묻고 대답을 기록해야 합니다. 녹음기를 사용하면 좋습니다. 그러면 마지막 육성을 보존할 수 있습니다.

환자가 위독한 상태에 빠지면 가족들은 침착하게 천국으로 보낼 수 있는 준비를 해야 합니다. 의식이 없어 보여도 마지막까지 청각이 살아 있음을 기억하고 소망이 담긴 말씀을 읽어 주거나 평소 좋아하던 찬송을 불러 주어야 합니다.

환자가 운명할 것 같으면 임종 기도를 드립니다. 죽음에 이른 환자를 위로하고 평안하도록 하기 위한 것입니다. 이 때 환자의 두 손을 꼭 잡거나, 가슴에 손을 얹거나, 머리를 짚거나, 두 손을 다 임종자에게 대고 기도를 드리는 것이 좋습니다.

전도의 기회

범사에 하나님의 영광을 위해서 살아야 하는 성도들은 먼저 장례식의 중요성을 인식해야 합니다. 교회에서 장례식을 하면 평소 교회에 나오지 않던 분들도 자연스럽게 나옵니다.

교인들의 장례식은 예배로 진행되기 때문에 불신자들에게 자연스럽게 죽음의 의미와 부활과 천국을 증거할 수 있습니다. 바울은 "너는 말씀을 전파하라 때를 얻든지 못 얻든지 항상 힘쓰라"(딤전 4:2)고 했습니다. 장례야말로 복음 전파의 절호의 기회라고 할 수 있습니다.

또한 교인들도 평소 어느 때보다 하나님을 의식하며 큰 은혜를 받을 수 있습니다. 그것은 사람들이 고통 속에 있을 때에 평소보다 감수성이 예민해지기 때문입니다. 그래서 C. S. 루이스는 이런 말을 하고 있습니다.

하나님께서는 우리가 기쁨 가운데 있을 때 우리에게 말씀하시며, 우리의 양심을 통해서도 말씀하십니다. 그러나 우리가 고통 중에 있을 때, 하나님은 크게 소리치십니다. 그것은 귀먹은 세상을 깨우기 위해 그 분이 사용하시는 확성기입니다.

교인들은 장례식에 적극 참여해야 합니다. 그것은 상을 당한 사람들을 위로하기 위한 목적에서 뿐 아니라 불신자들에게 교회의 공동체성을 보여주고, 아울러 복음 증거에 동참해야 하기 때문입니다.

그러므로 나는 장례식을 대단히 중요시합니다. 돌아가실 분을 위해서는 임종 때 최선을 다해야 합니다. 이후 장례식은 사실 남아 있는 자들을 위한 것입니다.

나는 그 동안 여러 차례 장례식을 통해서 불신 가족들에게 전도할 수 있는 기회를 얻었고, 최선을 다해 장례식을 인도함으로써 교인들의 신앙이 부흥되고 교회가 성장되는 것을 몸소 경험했습니다.

전도의 효과

수 년 전 어느 여 성도의 시아버지가 중풍으로 쓰러지셨습니다. 나는 그 성도가 수련회 때 새벽에 혼자 산에서 기도하는 모습을 보고 감동을 받았습니다. 그 가정을 방문하여 죽음을 준비시켰습니다. 온 가족들을 다 불러 모아놓고 예배를 드리며 언제 돌아가시더라도 문제가 없도록 했습니다.

그런데 그 다음 날 돌아가셨습니다. 이 일로 여 성도의 친정 부모들이 하나님의 역사 하심을 느끼고 우리 교회에 나오게 되었습니다.

또 한 분은 어머니의 장례식을 통해 신앙을 갖게 된 류병우 성도인데 그는 현재 부산에 살고 있습니다. 그의 간증을 들어보십시오.

작년에 돌아가신 어머니를 통하여 하나님을 믿게 된 초신자로서 사랑으로 은혜를 베풀어주신 주님께 감사를 드립니다.

3년쯤 불교를 믿으시던 어머께서 일산 딸 집에 다니러 가셨다가 우연히 누님이 다시시던 교회인 아름다운교회에 같이 가시게 되었습니다. 처음으로 가본 교회에서 곧바로 은혜를 받으신 어머니는 부산 집으로 내려 오셔서 교회를 계속 다니게 되었습니다.

그러다 작년 2월경 소화가 되지 않아 우연히 들린 병원에서 췌장암 말기라는 청천벽력과 같은 판정과 4개월에서 6개월 정도 밖에 사시지 못한다는 말을 듣게 되었습니다.

그 때부터 병원에 입원을 하셨는데 상태는 점점 악화되어 가던 중 담당 의사가 환자 분이 너무 고통스러우니까 위험이 많이 따르더라도 수술이 성공만 하면 조금은 편해지실 것이라고 해서 수술을 하게 되었습니다.

그 때 불신자였던 저는 수술실 앞에서 아무 것도 어머니께 해 드릴 것이 없었습니다. 지푸라기라도 잡는 심정으로 눈물을 흘리며 처음으로 하나님께 기도를 하게 되었습니다.

"하나님을 믿지 않는 제가 처음으로 하나님을 불러 봅니다. 제발 저의 어머님의 건강을 2, 3개월만이라도 허락해 주신다면 언제든지 하나님의 종으로 쓰셔도 좋습니다. 이대로 돌아가신다면 자식된 도리로서 정말 못 견딜 것 같습니다. 마지막 효도를 할 수 있는 기회를 주십시오. 주님!'

실패 확률이 높았던 수술을 무사히 끝마치고 약 1개월 후 퇴원을 하실 수 있을 정도로 건강이 회복되었습니다. 퇴원 후 말기 암 환자라고 보기 어려울 정도로 저와 같이 집 근처 산에 등산도 하시며 지리산 여행까지 하실 수 있게 되었습니다.

그러던 중에 일산의 아름디운 교회 목사님이 권사님, 전도사님과 함께 그 멀리 저희 집 부산까지 병 문안을 오셨습니다. 기도를 해주시고 진심 어린 쾌유의 말씀도 잊지 않으셨습니다. 그 때까지도 저는 하나님을 믿지 못하고 참 고마우신 분들이라는 생각만 가졌습니다. 저의 어머님도 아프셔서 다니시지 못했던 교회를 다시 다니기 시작하셨습니다.

2000년 11월 13일 월요일, "부산에 빨리 가보라"는 성령의 지시를 받으신 안 목사님께서 오셔서 천국 문이 열리는 기도를 해주셨습니다. 그 다음날 저녁, 어머니는 팔을 뻗으며 "나 좀 봐라, 나 좀 봐라"고 말씀하셨습니다. 어머니의 얼굴을 쳐다보며 "보고 있습니다"라고 대답을 드렸지만 그게 아니라고 눈을 쳐다보는 저에게 말씀하셨습니다.

그리고 얼마 지나지 않아서 어머니는 마비 증상을 일으키시며 평온히 어린아이의 모습을 하시고 하나님 나라에 가셨습니다.

어느 부모님이 자식을 사랑하지 않겠습니까마는 유달리 자식 사랑이 크시던 어머니, 돌아가시기 전까지도 자식 걱정만을 하시던 어머니가 돌아가시자 저는 너무나 큰 슬픔에 젖어들 수밖에 없었습니다.

저의 어머님께서는 집 근처 교회에 나가셨어도 등록을 하지 않으셨기에 일산 아름다운교회 목사님과 교인들이 오셔서 장례을 인도해 주셨습니다.

누님이 두 분 계시지만 외동 아들인지라 문상객을 맞으며 혼자 빈소를 지키던 중 그 때부터 이상한 체험을 하게 되었습니다. 무엇인가가 저의 마음을 어루만져 주시며 눈만 감으면 저의 어머니가 활짝 웃으시며 "나는 하나님 곁에서 너무 좋으니까 절대 울지 말아라"는 말씀을 하셨습니다.

그 모습이 너무 편안해 보였습니다. 그리고는 저의 마음을 제가 아닌 다른 분이 움직이고 계셨습니다. 어머님의 돌아가심에 슬피 우는 문상객들을 보면서 '왜 우실까? 하나님 나라에 저리 편안히 계신데, 왜 슬퍼 하실까? 라는 생각이 들었습니다. 제가 도리어 슬퍼하는 문상객들을 위로하고 싶어졌습니다.

저는 생각해 보았습니다. 도대체 하나님은 어떤 분이시길래 죄 많고 믿지도 않았던 저에게 가장 힘든 순간에 나타나셔서 사랑을 베풀어주시고 저의 마음을 다스려 주시는지.

제가 느끼는 하나님은 분명 사랑이었습니다. 그러자 문득 어머니가 수술하실 때 제가 하나님께 울며 기도하던 일이 생각났습니다. 그 기도를 하나님께서 들어주셨던 것입니다.

지금은 저와 비슷한 체험을 한 아내와 초등학교에 다니는 두 아들과 함께 교회에 다니며 지금까지 하나님께 지은 너무나 많은 죄들에 대해 용서를 구하며, 넘치는 하나님의 은혜에 감사 드리고 있습니다.

저희 가족에게 베풀어 주셨던 목사님의 사랑에 감사를 드리며, 너무 뵙고 싶습니다. 전도사님, 권사님, 집사님들도요. 아직은 어설픈 기도이지만 진실 되게 아름다운교회와 목사님을 위하여 기도 드리겠습니다.

지난 해 늦가을 부산 해운대를 다녀왔습니다. 류병우 성도를 만나보고 왔는데 일 년 만에 그의 신앙 생활이 너무도 아름답게 성장되었음을 보았습니다. 그를 통해 목회자의 보람을 맛보았습니다.

그는 매일 새벽 기도회에 참석하고 있었고, 가방에 전도지를 넣어 가지고 다니면서 틈나는 대로 전도하는 생활을 하고 있었습니다. 그는 살아 있는 믿음이 어떤 것인지를 모여 주었습니다. 살아 있으면 성장하게 되어 있습니다.

장례시 주의할 점

먼저 장례 용어에 대해 언급하고자 합니다. 많은 경우 아무개의 영결식장이라고 써 붙여 놓거나 현수막을 걸어놓고 있습니다. 그러나 영결식(永訣式)이라는 말은 유교에서 나온 말로서 '영원히 이별한다' 는 뜻을 가지고 있습니다.

우리 성도들의 장례식은 영원한 이별을 슬퍼하는 것이 아닙니다. 다시 만날 것을 기약하며 환송식을 하는 것입니다. 그러므로 천국 환송식이라고 하든지, 아니면 그냥 장례식이라고 하는 것이 좋습니다.

명복(冥福)이라는 말은 성경적으로 맞지 않으므로 사용하지 않는 것이 좋습니다. 흔히 사용하는 소천(召天)이라는 말도 문제점이 있습니다. 소천은 하나님의 부르심을 받았다는 뜻을 담고 있기는 하지만 우리말 사전에 없는 신조어이며 더욱이 '소천하셨다' 는 능동형은 명백히 잘못되었습니다. 소천이라는 말보다는 별세(別世)가 더 좋을 듯 합니다.

요즘 장례식장에 가보면 향 대신에 국화꽃을 한 송이씩 문상객들에게 주어 상위에 놓게 하고 묵념을 하도록 합니다. 이 때 죽은 사람의 시신을 살아있는 사람을 대하듯 하지 않도록 주의해야 합니다.

만약 꽃을 떠나신 분에게 바치는 것으로 생각한다면 그 생각을 고쳐야 합니다. 죽은 자에게 헌화하고 분향하고 절을 하는 일은 죽은 나무에 절하는 것과 다를 바 없는 일로서 비성경적이고 미신적인 것입니다.

꽃을 바치는 목적은 장례식장의 좋지 못한 냄새를 제거하고 음산한 분위기를 바꾸기 위한 것입니다. 또한 인간의 삶과 죽음을 주관하시는 하나님의 주권에 순종하며 인간의 유한함을 기억하고 영원한 천국을 소망하는 경건하면서도 아름다운 분위기를 만든다는 뜻으로 하는 것입니다.

간혹 일부는 예수를 믿고 일부는 믿지 않는 경우 유교식도 아니고 기독교식도 아닌 이상한 분위기 속에서 앞사람이 관 앞에서 절을 해서 당황하게 될 때가 있습니다. 그렇다고 해도 따라하지 말고 신자의 본분을 지켜야 합니다. 상가에서 주류 사용은 금하는 것이 좋습니다.

또 한가지 주의할 것은 기도할 때 "하나님! 이 죽은 사람이 꼭 천당에 들어갈 수 있게 해주세요"라는 식의 무의미한 기도는 할 필요가 없습니다. 고인을 위한 기도 대신 하나님께서 유가족을 위로해 주시기를 위해서, 그리고 장례 모든 절차를 은혜 가운데 치루어 질 수 있도록 해 달라고 기도하는 것이 올바른 태도입니다.

구습에 의한 장례 절차와 비교할 때 기독교식 장례 절차는 비교적 간단한 편입니다. 기독교식 장례식의 특징은 예배 형식으로 진행합니다. 예배는 환자의 임종을 전후로 드리는 임종예배를 비롯해서 입관, 발인, 하관, 귀가예배로 구분됩니다.

어떤 사람들은 장례가 끝날 때까지 계속 예배를 드립니다. 예배를 드리는 목적은 슬픔을 당한 유족들을 위로하는데 있습니다. 그렇기 때문에 가족들의 정서에 따라 적절히 예배 드리는 것이 좋습니다. 자칫 상가 집에 귀신 붙지 않도록 하기 위해 굿을 하는 듯한 느낌을 주는 예배는 삼가야 합니다.

장례식을 진행하다보면, 특히 하관 하는 과정에서 관의 위치, 방향, 의식 절차 등 사소한 문제로 옥신각신하는 일들이 종종 벌어집니다. 교인들은 풍수지리설에 현혹되지 말아야 하며 그런 일로 시비를 벌이지 말아야 합니다.

귀가예배는 상실의 슬픔에 지쳐 있는 유가족들을 위로하는 데 목적이 있습니다. 장례 예식이 며칠 동안 지속되다 보면 유족들도 지치고 목회자들도 지치기 마련입니다. 하지만 가까운 가족을 잃은 유족들의 아픔은 아무리 오랫동안 위로해도 충분히 채워지지 않는 법입니다.

따라서 장례 예식은 가족들의 신앙 유무, 상황에 따라 결정할 일이지만 가족들에게 충분히 위로가 될 수 있도록 진행해야 합니다. 장례 예식을 '빨리 해치운다' 는 인상을 주어서는 절대 안됩니다.

제사 문제

장례 이후 첫 성묘를 흔히 삼우제(三虞祭)라 하는데 '우제'란 혼백(魂魄)을 평안히 모신다는 뜻으로 지내는 제사입니다. 그러므로 교인들은 삼우제라는 말보다 첫 성묘라는 말을 사용하는 것이 합당합니다.

보통 장례 후 3일만에 가는데 꼭 3일만에 가야하는 것은 아니고 주일을 피해 적당한 날을 선택하여 묘지 상태를 돌아보고 예배를 드리면 됩니다.

교인들은 삼년상 탈복 등의 절차는 하지 않습니다. 대신 추도예배를 드리는데 가족과 친척이 모여 교역자의 인도로 드릴 수도 있고, 가족들끼리 드릴 수도 있습니다. 추도예배를 드리는 목적은 가신 이를 기념하고 후손들이 그를 생각하면서 화목을 도모하는데 있습니다.

조상 제사의 문제는 한국의 관혼상제 의식 중에서 무엇보다도 물의를 일으켜 왔습니다. 조상을 우상으로 섬기는 제사는 기독교 신앙에 위배되는 일입니다. 우리 나라에 기독교가 전래되는 과정에서 제사 문제로 인해 많은 성도들이 수난을 당했고, 아직도 제사 문제가 해결되지 않고 있습니다.

한국 교회는 이런 문제를 막기 위해 종래의 제례 형태를 추도예식이라고 부르면서 준행하고 있지만 아직까지 기독교적 모델이 정립되지 못한 채 각양각색의 모습을 보이고 있습니다. 추도시에 지방(紙榜)만 붙이지 않으면 상 차려놓고 절을 해도 된다고 가르치는 경우도 있으나 바람직하지 못합니다.

추도라는 것은 부모의 은혜와 부모의 평소에 끼치신 덕과 여러 가지 면을 깊이 생각하여 감사하는 것이고, 예배는 하나님께 드리는 것입니다. 추도예배라고 해서 부모에게 예배드리는 것이 아닙니다. 부모를 통해 내가 존재하게 된 것을 감사하는 것이 추도예배입니다.

세상 떠난 부모를 추도하는 일은 미덕입니다. 하지만 불신자들이 끼어 있는 가정의 경우, 예배를 드릴 때 자칫 구습이나 미신적인 요소가 가미되지 않도록 주의해야 합니다.

그리고 몇 년 동안 추도예배를 드려야 하는가는 어떤 규정이 없기 때문에 가정의 형편에 따라 하면 됩니다. 일반적으로 추도예배는 3년 정도 드리고 더 계속하는 여부는 가족들이 의논해서 할 일입니다.

이렇게 해보자

나는 그 동안 수많은 장례식을 인도했고, 또 이곳저곳에서 행해진 장례식을 주의 깊게 살펴본 바 있습니다. 기독교인 가정의 장례식에서 조차 전통적인 의식을 좇아 미신적으로 치뤄지는 모습을 종종 볼 수 있었습니다.

우리 나라 사람들은 '불교식으로 태어나고, 기독교식으로 결혼하고, 유교식으로 죽는다' 는 말이 있습니다. 사실 결혼에 있어서는 어느 정도 기독교적인 결혼 문화가 정착이 되었습니다. 반면에 장례식은 기독교인이라고 할지라도 유교식에서 벗어나지 못하고 있는 것이 현실입니다.

한국 교회 초기에 선교사로 활동했던 윌리암 뉴튼 블레어는 "유교는 중국에서 일어났지만 그 유교의 개념을 실천하는 데에는 한국인들이 중국인보다 더 유교적이다"고 했습니다.

몇 년 전 김경일 교수가 「공자가 죽어야 나라가 산다」는 책으로 논쟁을 불러 일으켰습니다. 그 책의 비판 대상은 공자나 유교 논리 그 자체보다는 유교를 중국으로부터 수용했지만 오히려 중국보다 더 강하게 적용하고 있는 한국 사회에 맞추어져 있습니다.

이제 교회에서도 유교로 포장된 장례문화의 허와 실을 정직하게 되돌아보고 껍데기는 버려야 할 때라고 생각합니다. 그렇다고 해서 유교식이 다 나쁘다는 뜻은 아닙니다. 성경에 장례에 대한 절대적 명령이 있다면 모르겠지만 그렇지도 않은데 이미 문화화된 것을 무조건 배격할 수만은 없는 일입니다.

다만 기독교의 부활 신앙에 입각하여 우리가 유지해야 할 것과 개혁해야 할 것을 구분해서 좀 더 기독교적이고 성경적인 장례 문화를 만들어 내야 한다는 것입니다.

임택진 목사님은 「기독교 가정의례 지침」이라는 책에서 "장례예식에 관한 제반 문제를 논의하고 이를 고정된 기독교 문화로 정착시키려고 시도해보는 것 자체에 무리가 없는 것은 아니다. 그러나 그렇다 하여 방관만 할 수 없는 일이다"라고 했습니다.

나는 우리 나라의 장례 문화가 바뀌어야 한다는 생각을 하고 있습니다. 누군가 나서야 합니다. 우리 교회의 장례 이야기를 들은 어느 목사님이 "아름다운교회의 장례식이 은혜롭지만 좀 더 보완해서 모델이 되어 주었으면 좋겠다"는 말을 했습니다.

관심사가 같은 사람을 만나는 일은 반가운 일이 아닐 수 없습니다. 격려에 고마움을 느낍니다. 참으로 그렇게 되기를 바라며 장례 문화를 위해 몇 가지 제안을 하고자 합니다.

분위기를 밝게 하자

장례식에서 우는 일은 당연한 일입니다. 울어야 웃을 수 있기 때문입니다. 심지어 예수님도 나사로의 무덤에서 우셨습니다. 그러나 소망이 없는 자들처럼 지나치게 슬퍼하지 말아야 합니다. 또 하나님의 섭리적 역사에 분개하는 표현을 하는 것도 신자답지 못한 일입니다. 성경은 남아 있는 자들에게 이렇게 말씀하고 있습니다.

형제들아 자는 자들에게 관하여는 너희가 알지 못함을 우리가 원치 아니하노니 이는 소망 없는 다른 이와 같이 슬퍼하지 않게 하려 함이라(살전 4:13)

우리가 언제나 기억해야 할 사실은, 우리는 사랑하는 이의 육체만을 매장하는 것이며, 결코 영혼을 매장하는 것이 아니라는 사실입니다. 그 영혼은 떠나서 주님과 함께 있습니다.

딸이 결혼하여 새 가정을 이루고 부모의 집을 떠나 갈 때 그 어머니가 외로움과 이별을 기쁘게 참듯이 하늘 나라에 간 그들을 위해 우리는 외로움과 이별을 참고 견뎌야 합니다.

초대 교회 당시 로마인들의 장례는 밤중에 행해졌으며, 검은 옷을 입고 전문적으로 애곡하는 자들이 동원되었고, 피리나 악기 연주자들이 등장하여 무덤 가에서 나누는 식사가 있었고 화장을 하였습니다.

그러나 초대 교회의 성도들의 장례식 분위기는 부활에 대한 소망과 승리의 행진으로 특징 지을 수 있습니다. 성도들은 대낮에 흰옷을 입고 행렬을 지어 승리의 찬양을 외치고, 종려 가지를 흔들며 도성 밖에 있는 무덤으로 행진하였습니다.

장지에 도착해서는 시신에게 입맞춘 후 발을 동쪽으로 향하도록 해서 안장했으며 곧이어 성찬식이 뒤따랐습니다. 산 자와 죽은 자 사이에 존재하는 성도의 교제에 대한 표현으로 이 의식을 집행했습니다.

이방인들은 성도들이 죽을 때 고요한 모습을 보고 자주 감탄했다고 합니다. 이방 철학이 설명할 수 없었던 성도들의 고상하고 두려움이 없는 태도가 그 당시 사람들에게 신기하게 보였던 것입니다.

오늘날 우리들도 초대 교회의 장례를 본받아 어두운 분위기에서 보다 밝은 분위기로 바꿀 필요가 있습니다. 죽음은 영혼의 고향으로 가는 것이며, 영광의 절정에 오르는 것이기 때문입니다. 이런 점에서 찬송도 밝을수록 좋습니다.

이화여자대학교 총장이었던 김활란 박사는 장송곡 대신 승리의 행진곡을 틀어 달라고 유언했습니다.

우리 교회에서 행해진 장례 중에 천국잔치와 같았던 장례식이 있었습니다. 정원봉 집사님의 장례식이었습니다. '이곳이 베데스다 연못이다' 라는 하나님의 음성을 전함으로써 우리 교회에 치유의 역사를 일으켰던 그 분이 2000년 2월 28일, 93세의 나이로 세상을 떠났습니다.

그 분은 임종에 앞서 자녀들이 모인 자리에서 자녀들에게 소중한 교훈을 남겨 주었습니다. 며느리인 김영희 전도사님에게 "내 갈 길이 바빠"라며 믿지 않던 일부 가족들에게 "예수 믿거라"는 유언을 남겼습니다. 그리고 특별히 김영희 전도사님을 바라보며 이런 말을 남겼습니다.

고맙다. 정말 고마워. 네 짐이 얼마나 무거우냐. 아버지께 다 맡겨. 아버지가 다 아시고 계셔. 그저 묵묵히 참고 십자가만 바라보아라. 이 교회가 앞으로 성령이 충만하고, 주님이 교회에 빛을 비추시는데 눈이 부셔서 볼 수가 없을 정도란다. 그리고 무어라 말로 형용할 수 없는 어마어마한 사람들이 몰려오고 일꾼들이 다 준비가 되어서 착착 엮어 나가는데 정말 놀랍다. 놀라워. 그리고 신명기 말씀을 많이 읽어라. 거기에다 다 기록해 놓았으니 찾아서 받아 먹어라.

정원봉 집사님의 장례는 하나님의 은혜 가운데 겨울임에도 불구하고 화창한 봄 날씨 같았습니다. 우리 교회는 그 분의 장례식을 훌륭히 치뤘습니다. 여 선교회에서는 문상객들을 위해 정성스럽게 음식을 준비했고 남 선교회에서는 장례의 모든 절차가 순조롭게 진행될 수 있도록 힘써 봉사했습니다.

교회 전 부서가 참여해서 드린 장례 예배는 그야말로 천국 잔치였습니다. 교인들의 가슴속에 천국의 소망이 심어졌습니다. 가장 보람이 있었던 일은 이 장례 예배를 통해서 불신 가족들이 예수를 영접하고 하나님의 자녀가 된 일이었습니다.

김영희 전도사님은 그 때의 일을 간증하면서 뜨거운 감사를 드렸는데 「작은 교회 큰 이야기」에 소개된 그의 간증 일부를 소개합니다.

제가 아름다운교회를 섬기면서 아버님과 온 가족이 다 모여서 예배를 드릴 수 있게 되었을 때는 정말이지 너무도 기뻤습니다. (중략) 특히 감사드릴 것은 아버님의 장례를 위해 목사님을 비롯하여 전 교역자와 성도들이, 심지어 중·고등부, 유년부, 유치부까지 총동원되어 장례 예배를 드림으로 예배가 마치 천국 잔치와 같았습니다.
그 장례 예배를 통해 불신 친척들이 예수님을 영접하고 하나님의 자녀가 되었습니다. 하나님의 크신 은혜에 감사를 드리며 기도합니다. 이제 주님 앞에 신실한 일꾼으로 쓰임 받는 가정이 되고, 남은 삶을 하나님과 동행하게 하소서!

장례식은 천국 잔치와 같아야 합니다. 요즘에 와서 장례예배를 '천국 환송예배'라고 부르고 있는 것은 바람직하고 적극 장려할 만한 일이라고 할 수 있습니다. 우리 교인들은 "목사님, 제가 죽으면 잔치해 주세요."라고 말합니다.
참 많이 변했습니다. 죽는 이야기하면 싫어하고 교회에서 장례식을 하면 꺼려하던 교인들이 이제는 죽음을 자연스럽게 생각하게 되었고 천국을 소망하는 신앙인들이 되었습니다.

교회를 개방하자

병원의 영안실은 대개 지하실에 위치해 있습니다. 지금은 많이 개선되었지만 영안실에 들어서면 향내와 담배 연기로 가득합니다. 환기가 잘 되지 않아 오래 있으면 답답해집니다. 더구나 좁은 공간에 여러 상가가 같이 있어 번잡하고, 이곳 저곳에서 음식을 먹으며 또는 화투를 치며 떠드는 소리로 소란합니다. 어떤 곳은 시장 바닥 같다는 생각이 들기도 합니다.

그러면 왜 영안실을 찾게 됩니까? 아직도 많은 사람들에게 죽음은 두려움과 기피의 대상입니다. 그렇기 때문에 아파트에 사는 사람이나 서민들의 경우 가정에서 빈소를 마련하지 못하고 영안실을 찾게 됩니다.

장례 문화가 바뀌려면 교회가 나서야 합니다. 상가에 세를 들어 있는 작은 교회들이야 어려울 것입니다. 하지만 단독 건물을 가지고 있는 규모 있는 교회들은 앞장서서 교인들은 물론 지역사회를 위해 교회를 개방하고, 경건한 분위기에서 장례를 할 수 있도록 시설을 마련하면 얼마나 좋겠습니까?

우리 교인들은 교회에서 장례식 하는 것을 좋아합니다. 나는 교인의 장례식은 교회에서 거행하는 풍속이 보편화되어야 한다고 생각합니다. 믿음이 약한 교인들을 위해 본당보다는 부속실을 사용하는 것이 좋을 것입니다.

우리 교회에서는 주로 겨울에 장례가 많았습니다. 그래서 시신 관리에 별 문제가 없었는데 여름철이라 해도 관에 드라이 아이스를 넣으면 시신을 잘 관리할 수 있습니다.

그러나 전문성을 갖추기 위해서 1~2구 정도의 시신 안치용 케비넷식 냉장고만 준비하면 더 좋을 듯합니다.

예식을 간소화하자

평소에는 인색하게 지내는 사람도 죽음 앞에서는 인심이 후해집니다. 누구를 막론하고 마지막 가는 고인에게까지 인색하고 싶지 않은 심리가 있습니다.

게다가 장례는 자주 겪는 일이 아니며 돈으로 따져야 할 상황이 아닌 상태에서 이루어지기 때문에 장의사의 의도대로 흘러가는 것이 일반적입니다.

검소하게 장례식을 하고자 해도 실제 장례비용이 만만치 않습니다. 종종 용품 강매와 턱없는 바가지 요금은 슬픔에 젖은 가족들을 더욱 슬프게 만들기도 합니다. 비싸다고 따지다가도 "마지막으로 가는 고인에게 뭐 그러냐"고 하거나 관습 운운하면 말문이 막히게 됩니다.

인터넷에서 장례비에 대한 자료를 검색해 보았습니다. 염사비는 보통 30만원에서 50만원, 아이들의 경우는 그 반 정도를 주어온 것이 관례입니다. 깨끗하게 염을 해달라는 의미에서 염사비에 대한 상주들의 인정은 후한 편입니다.

선택의 폭이 큰 것이 장례용품입니다. 관의 경우 16만원 짜리 오동나무 관에서부터 128만원 짜리 고급 향나무 관까지 8배의 가격 차이가 납니다. 수의 역시 10만원 짜리 인조 수의에서 76만원 짜리 고급 마 수의까지 7.6배의 차이가 납니다. 이 경우는 그나마 장례비용이 가장 저렴하다고 소문이 난 도립 마산의료원이 공개한 정찰가격입니다.

일반병원이나 사설 장의사의 경우 통상 1.5~2배의 차이가 나는 것으로 알려져 있습니다. 즉 관의 경우 최저 30만원 정도에서 최고 300만원까지, 수의의 경우 20만원에서 200만원까지 호가합니다. 그것도 악덕업자를 만나면 16만원 짜리 관을 300만원에, 10만원 짜리 수의를 200만원에, 최고 20배까지의 비용을 지불하는 최악의 상황에 처하기도 하는 것이 현실입니다.

무덤에 들어가면 곧 썩어 없어져 버릴 수의와 한 번 입고 마는 상복에 대해 근본적으로 생각해 볼 필요가 있습니다. 기독교 국가인 미국에서는 평소에 고인이 즐겨 입던 옷이나 고운 흰색 옷을 입히는 경우가 많습니다. 이제 우리도 수의의 개념을 바꾸어 보면 어떻겠습니까?

나는 우리 교인들에게 수의 입고 가지 말고 평소 입던 옷 입고 가라고 합니다. 그리고 장례식 때 입을 옷 한 벌씩 지정해 놓으라고 합니다. 아직은 획기적인 일이라서 수용하지 못하는 사람들도 있지만 계속 추진해 볼 생각입니다.

현재 장례식장을 이용할 경우 저녁에 입실해 다음날 오전에 발인하더라도 이틀 분 요금을 물어야 합니다. 그런데 2001년 12월, 공정거래위원회에서 장례식장 비용을 시간 단위로 부과할 것이라는 신문 보도가 있었습니다. 장례비용의 거품이 빠지기를 기대해 봅니다.

또한 문상객들에게 음식 대접하는 일도 생각해 볼일입니

211

다. 상을 당해 정신없는 와중에 손님 접대는 무리한 일이 아닐 수 없습니다. 참으로 위로 차 찾아왔다면 음식 대접 있고 없고 무슨 상관이 있겠습니까?

현재의 장례 문화는 사실상 죽은 사람에게는 아무 의미가 없습니다. 모든 의식은 다만 살아 있는 이들의 효심과 사회적 체면을 과시하기 위한 것일 뿐입니다.

그러므로 성도들은 경제적 타격을 받지 않도록 검소하고 정도에 맞는 장례식을 치를 수 있어야 합니다. 장례식의 형식이나 규모에 구애받지 말고 부활의 진리를 상고하며 내세의 삶에 더욱 관심을 표시해야 할 것입니다.

아이들도 참여 시키자

초등학교에 다니기 전의 일입니다. 외할아버지가 돌아가셨습니다. 그 때 나는 처음으로 시신을 보게 되었습니다. 어른들은 문상객들을 맞느라고 나를 시신이 있는 방에 두고 상여 나갈 때까지 지키도록 했습니다. 그리고 상여를 타고 장지에 다녀온 적이 있었습니다. 고등학교 다닐 때는 상여를 메기도 했습니다.

어린 시절의 이런 경험이 죽음을 삶의 일부로 자연스럽게 받아들이도록 했다는 생각을 합니다. 그런데 요즘 장례식장에는 어린이들의 모습이 보이지 않습니다. 부모들이 아이들을 장례식에 참여시키지 않는 이유를 크게 두 가지로 생각해 봅니다.

하나는 어린이들이 철없이 행동하여 엄숙한 장례식장의 분위기를 망칠까봐서이고, 또 하나는 어린이들에게 정서상 부정적인 영향을 미치지 않을까 하는 염려 때문일 것입니다.

그러나 세계적인 부흥사 빌리 그래함 목사님은 「그리스도인의 죽음과 천국의 소망」이라는 책에서 아이들에게 죽음의 실존을 가르쳐야 한다고 주장하면서 "아무리 슬프더라도 진실을 이야기하는 것이 어물쩡 둘러대는 것보다 아이들에게 훨씬 좋다"고 말하고 있습니다.

맹자 어머니가 어린 맹자를 교육시키기 위해 세 번 이사를 했다고 해서 '맹모삼천지교'라는 말이 생겼습니다. 이 말은 교육적 환경의 중요성을 강조할 때 흔히 사용됩니다. 그런데 '맹모삼천지교'에 대한 색다른 해석이 있습니다.

교육에 있어서 모든 어머니의 본이 되고 있는 맹자 어머니가 환경의 중요성을 몰라서 그렇게 번번이 시행착오를 했을까 라고 의문을 제기하면서 오히려 맹자 어머니의 의도성이 있었을 것이라고 보는 입장입니다. 무리한 주장이라고 생각을 하면서도 공감이 되었습니다.

어린이는 죽음에서 가장 먼 존재입니다. 그렇기 때문에 최후에 죽음이 기다리고 있는 인생에 대해서 확실한 의식을 가질 수 없습니다. 그러므로 어린이는 인생을 모르고 사는 인간, 그야말로 어린이입니다.

루스실로와 이시하라 신타로는 「자식은 유대인처럼 키워

라」는 책에서 "만일 부모가 자기 자식을 인생에 대해서 굳센 자각을 하는 인간으로 만들고자 한다면, 그리고 그 자각 위에 자식이 떳떳한 인간으로서, 인생을 확고한 태도로서 나갈 것을 기대한다면 시체를 가능한 일찍 아이들에게 보여 줄 필요가 있다"고 말하고 있습니다.

인생에는 밝은 면과 어두운 면이 공존합니다. 어린이들에게 일찍부터 인생을 가르치기 위해서는 잔치 집에도 데려가야 하지만 초상집에도 데려가야 합니다. 아이들에게 죽음을 가르치는 일은 곧 인생의 진실을 가르치는 것입니다.

그러나 어린이가 장례식에 참석하도록 강요되어서는 안되며 죽음의 의미가 분명하게 설명되어져야 합니다. 천국을 상상하며 위로 받을 수 있고 그 곳은 고통과 어려움이 없는 곳이라고 이야기해 주면 아이들이라도 이해할 수 있습니다.

화장도 괜찮다

우리 나라 사람들은 화장하기를 꺼려합니다. 꺼려하는 정도가 아니라 혐오스럽게 생각하는 사람들이 대부분입니다. 화장터는 지극히 혐오스러운 말입니다. 그렇기 때문에 어느 지역에 화장 시설이 들어선다는 소문이 들리면 주민들이 거세게 반대하고 나서는 것을 볼 수 있습니다.

그러나 우리 주변국인 일본의 경우 메이지 유신 이후 정책적인 장려와 행정지도 덕분에 화장이 90퍼센트를 넘어섰습니다. 홍콩도 1963년부터 화장을 적극 권장한 결과 70퍼센트를 넘어섰습니다. 근래에 중국도 지도자들이 모범을 보여 화장이 늘고 있습니다.

그러면 우리 나라 사람들이 매장에 집착하는 이유는 무엇일까요? 큰 이유는 전통적인 유교 사상과 풍수 사상에 의해 명당과 길지를 선호하는 오랜 관습 때문으로 풀이할 수 있을 것입니다. 우리 나라 사람들은 조상의 묘를 잘 쓰면 후손이 덕을 본다는 믿음을 가지고 있습니다.

또한 묘지는 단순히 주검을 안치하는 장소가 아니라 산 자가 죽은 자를 찾아가 그리워하는 장소이며 추석 때 산소를 찾는 것도 이런 이유 때문입니다.

중요한 또 하나의 요인은 우리 나라만의 독특한 효 사상 때문이라고 할 수 있습니다. 어제까지만 해도 곁에 있던 부모를 화장해 강과 산에 뿌리는 불효 막심한 일을 할 수 없다고 생각하기 때문입니다.

그러나 지금 우리 나라는 금수강산이 아니라 묘지 강산이라고 불리울 만큼 곳곳에 묘가 자리잡고 있습니다. 매년 여의도 만한 땅이 묘지화 되고 있습니다. 2001년 9월 11일자 중앙일보에 우리 나라의 묘지 현황이 소개된 바 있습니다. 그 내용을 간추려 소개하면 다음과 같습니다.

현재 우리 나라의 분묘 수는 2천 65만기이며 면적은 3억 9백 70만평(1천 22 ㎢)으로 추정되고 있다. 국토의 1퍼센트가 넘는

다. 묘지 1기 당 면적은 15평으로 국민 1인당 주거 공간의 3.5배에 이른다.

2001년 1월부터 개인 묘지가 9평 이내로 제한됐지만 묘지 수는 해마다 17만기씩 늘어나고 있다. 넓이로 따지면 8㎢로 서울 여의도와 맞먹는다. 주인 없는 분묘도 8백만 기를 넘는다.

화장 비율은 1954년 3.5퍼센트, 1991년 17.8퍼센트, 2000년 33.7퍼센트로 꾸준히 상승하는 추세다. 그러나 세계적으로 일본 99퍼센트, 태국 90퍼센트, 홍콩 72퍼센트, 영국 68퍼센트와 비교한다면 여전히 낮은 수준이다. 땅이 넓은 미국은 12퍼센트 대이지만 분묘 허용 면적은 1기 당 1평 미만이다.

땅이 비좁은 우리 나라로서는 현실적으로 더 이상 국토가 묘지화 되는 것을 방관하기 어려운 상황에 이르게 되었습니다. 이제는 국토의 효율적인 관리 차원에서 매장보다는 화장 쪽으로 바꾸어가야 할 처지에 있습니다.

그러면 성경의 입장은 어느 쪽입니까? 성경에서는 화장에 대한 근거를 찾을 수 없습니다. 매장하는 것이 정통적인 것처럼 되어 있습니다. 아브라함으로 시작해서 다윗, 그리고 예수님에 이르기까지 모두 매장이었습니다.

이러한 이유 때문에 성경이 매장을 지지하는 것처럼 여겨집니다. 그러나 분명히 알아야 할 것은 장례 절차나 방법이 절대 명령으로 주어진 것이 아니라 당시 문화에 근거하고 있다는 사실입니다.

성경에 소개된 장례가 매장인데 반해 초대 교회 이후 많은 순교자들이 화형을 당했습니다. 그렇다고 그들이 부활하는데 지장이 있을까요?

전혀 그렇지 않습니다. 썩어서 없어지나 태워져 없어지나 없어지기는 마찬가지입니다. 무덤이 있고 뼈 몇 조각이 남아 있어야만 부활이 가능한 것이 아닙니다. 부활 때에 우리는 지금 가지고 있는 몸과 전혀 다른 새로운 몸을 입게 됩니다.

사도 바울은 장차 부활할 우리의 몸에 대해서 이렇게 말하고 있습니다.

> 썩을 것으로 심고 썩지 아니할 것으로 다시 살며 욕된 것으로 심고 영광스러운 것으로 다시 살며 약한 것으로 심고 강한 것으로 다시 살며 육의 몸으로 심고 신령한 몸으로 다시 사나니 육의 몸이 있은즉 또 신령한 몸이 있느니라(고전 15:42~44)

지금 우리가 지니고 있는 몸은 썩고 욕되고 약한 육의 몸입니다. 하지만 부활 때 얻게 되는 몸은 썩지 아니하며 영광스럽고 강하며 신령한 몸으로 현재 우리가 가지고 있는 몸과 질적으로 전혀 다른 새로운 몸입니다.

일각에서 화장을 반기독교적이고 비성경적이라고 강력하게 반대하기도 하지만 부활의 원리에 입각해 볼 때 화장이든 매장이든 아무 상관이 없습니다. 하나님은 우리가 어떤 죽음을 맞이하더라도 부활시키실 수 있는 능력을 가지고 계십니다. 그러므로 형편대로 할 일입니다. 우리 성도에게 중요한 것은 썩어질 몸이 아니라 부활입니다.

우리가 언제나 기억해야 할 사실은,
우리는 사랑하는 이의 육체만을 매장하는 것이며,
결코 영혼을 매장하는 것이 아니라는 사실입니다.
그 영혼은 떠나서 주님과 함께 있습니다.
딸이 결혼하여 새 가정을 이루고
부모의 집을 떠나 갈 때
그 어머니가 외로움과 이별을 기쁘게 참듯이
하늘 나라에 간 그들을 위해
우리는 외로움과 이별을 참고 견뎌야 합니다.

제 5 장

상실에서 소망으로

유가족 돌보기

왜 살아야 하는가

글을 마치면서

유가족 돌보기

죽음은 고통과 근심으로부터의 해방이라는 새로운 출발점이면서 동시에 모든 것들과의 이별이라는 두 가지의 모순된 감정을 낳습니다. 그러므로 죽음을 맞이한 자들의 감정을 다루는 일이 쉽지 않습니다.

장례식 때 찾아가는 것도 위로이기는 하지만 실제적인 유가족 위로는 장례식 직후부터라고 할 수 있습니다. 장례식을 마칠 때까지는 해야 할 일들이 많아 거의 정신이 없다가 집에 돌아와 혼자 있다보면 허전함과 상실감이 밀물처럼 몰려옵니다. 바로 이 때 위로자가 필요합니다.

노인이 죽었을 때는 그 사람이 충분한 삶을 살았고 아마도 그것이 그 사람의 수명일 것이라고 생각하며 위로를 받습니다. 그렇기 때문에 노인이 죽은 가족들을 돌보는 일은 별 어려움이 없습니다.

그러나 아직 죽을 때가 아니라고 생각되는 사람들이 세상을 떠났을 때, 오랫동안 깊이 사랑했던 사람을 잃었을 때는 감정이 마비될 정도로 커다란 슬픔에 빠집니다. 가슴이 미어지는 것 같습니다. 사랑했던 만큼 떠남의 고통은 큰 것입니다. 이 때는 죽음이 잔인한 강도처럼 보입니다. 심리학자 칼융은 그것을 '문장이 끝나기 전에 찍힌 마침표' 라고 표현했습니다.

미국 시애틀에 있는 워싱톤 의과대학의 정신의학교수 토마스 홈은 삶의 변화에 따르는 스트레스의 수치를 사건의 성격에 따라 설정하였는데 항목별 수치는 다음과 같습니다.

· 식사습관의 변화 또는 함께사는 가족 숫자의 변화 : 15점
· 사회 활동의 변화: 18점
· 교회 활동의 변화나 오락의 변화: 19점
· 거주지의 변화나 일의 시간 혹은 상황의 변화: 20점
· 삶의 상황의 변화: 25점
· 일의 직책의 변화: 29점
· 다른 직업에로의 변경: 36점
· 경제적 상황의 변화: 38점
· 새 가족 성원을 얻음: 39점
· 임신: 40점
· 가족 성원의 건강의 변화: 44점
· 결혼: 50점
· 개인의 부상이나 아픔: 53점
· 가까운 가족의 죽음: 63점
· 이혼: 73점
· 배우자의 죽음: 100점

우리는 이 수치를 통해서 죽음이 주는 고통이 얼마나 큰 가를 짐작해 볼 수 있습니다.

새해가 다가오고, 생일이 다가오고, 어떤 기념일이 다가오고, 성탄절이 다가올 때 우리는 우리가 사랑했던 사람들의 빈 자리를 깊이 느끼게 됩니다. 그 느낌이 1년, 또는 그 이상 지속될 수 있습니다. 이들을 도울 수 있는 방법은 무엇일까요?

잘 들어주라

고난이 닥치면 옆에서 지켜보는 우리들은 그 충격 앞에 맥이 빠지고 할 말을 잃어버리게 됩니다. 욥이 고통 중에 있을 때 친구인 빌닷과 소발과 엘리바스가 찾아와서 그를 위로하려고 했을 때 처음에는 기가 막힌 현실 앞에서 아무 말도 하지 못했습니다. 무슨 말로 위로해야 할지 몰랐습니다.

욥이 입을 열자 저희들도 용기를 내서 입을 열었습니다. 그러나 그들의 말은 욥을 비판하고 정죄하는 말뿐이었습니다. 위로를 주기는 커녕 고통 중에 있는 욥을 더욱 괴롭게 만들었습니다. 아픔을 알 때 고통 당하는 자의 편에 설 수 있습니다. 욥의 친구들은 아픔을 몰랐습니다.

욥은 친구들에게 "너희는 거짓말을 지어내는 자요 다 쓸데 없는 의원이니라 너희가 잠잠하고 잠잠하기를 원하노라 이것이 너희의 지혜일 것이니라 너희는 나의 변론을 들으며 내 입술의 변명을 들어 보라" (욥 13:4~6) 고 했습니다.

욥의 간절한 바램은 잠잠히 들어주는 것이었습니다. 그럼에도 불구하고 말이 많았던 친구들을 향하여 욥은 "너희는 다 번뇌케 하는 안위자로구나"(욥 16:1)라고 했습니다. 우리는 자칫 위로자가 아니라 번뇌케 하는 안위자가 되기 쉽습니다.

위로자는 듣기는 속히 하고 말하기는 더디 해야 합니다. 모든 것을 설명하려고 하지 마십시오. "당신의 심정을 충분히 이해합니다"라고 말하지 마십시오. 아무도 당신의 말을 믿지 않을 것이며, 또한 그러한 말은 아무 효력도 없을 것입니다. 종종 말은 실패합니다. 그러므로 사랑스런 포옹이나 악수, 또는 단순한 접촉으로써 위로의 뜻을 표하는 것이 좋습니다.

실제로 고통을 당하는 사람들에게 도움을 주는 사람을 보면 고통에 대한 쉬운 답을 가진 사람이 아니며 쾌활한 성격의 소유자도 아닙니다. 그 사람은 많은 말을 하기보다는 들어주며 판단하거나 많은 충고의 말을 하지 않는 잠잠하고 이해심이 많은 사람입니다.

다음 글을 읽으면서 고통 가운데 있는 사람의 심정을 헤아려 보십시오.

들어주세요

내가 당신이 내 말을 들어주기 원할 때면 당신은 조언하기 시작합니다.
그것은 사실 내가 원하는 것이 아니랍니다.

223

내가 당신이 내 말을 들어주기 원할 때면 당신은 나에게 잘 못된 것이 무엇인지를 말하기 시작합니다.

당신은 내 감정을 무참히 짓밟습니다.

내가 당신이 내 말을 들어주기 원할 때면 당신은 내 문제를 해결하기 위해 무엇인가를 해야만 한다고 생각합니다.

그러한 당신은 내게 아무런 도움이 되지 않습니다.

내가 진실로 당신에게 원하는 것은 내 세계에 들어와 가만히 내게 귀를 기울여 주는 것입니다.

내가 느끼는 모든 것을 그저 함께 느껴줄 그러한 대상이 필요한 것입니다.

그러니 단지 들어주세요.

아무런 말씀 없이 그저 들어만 주십시오.

충고는 값싼 것입니다.

아픔이 있는 사람들은 우리가 조용히 귀를 기울여 들어주기를 원합니다. 사실 들어주기만 해도 문제가 해결되고 치유가 일어납니다. 들어주는 것보다 귀한 봉사는 없습니다. 진정한 고통의 위로자는 들어주는 자입니다.

우는 자와 함께 울라

우리는 수학 공식과 같이 정확하게 명시되어 있는 심리적 공식을 원합니다. 그러나 인간의 심리란 공식화하기에는 너무나 복잡합니다. 우리가 고통 당하는 자들을 도울 수 있는 최선의 방법은 그들과 함께 있어 주는 것이며 슬픔과 고통을 함께 나누는 것입니다.

이 때 필요한 감정은 동정이 아니라 공감이어야 합니다. 동정은 위에서 던져주는 감정이지만 공감은 같이 느끼고 함께 아파하는 것입니다. 우는 자들과 함께 울기를 주저하지 마십시오.

우리가 아파하는 사람의 말을 듣고 반응할 때는 그가 표현한 느낌이나 감정을 반영해 주어야 합니다. 즉 상대방이 말하는 내용을 잘 듣고 있을 뿐만 아니라 심층적 느낌까지도 이해하려고 노력한다는 사실을 보여주어야 합니다.

또한 이야기를 들으면서 곧장 대꾸를 하지 말고 그 사람의 말에 귀를 기울여야 합니다. 오랫동안, 그리고 주의 깊게 경청해야 하고, 정확하게 파악하고 나서 답을 해야 합니다.

한 마디라도 위로가 되는 말을 하려면 상대방의 입장에서 생각해 볼 필요가 있습니다. 만약 당신에게 뼈아픈 사연이 생겨서 눈물 밖에 나오지 않는다면 어떤 위로를 받고 싶습니까? 우리가 받고 싶은 위로가 바로 우리가 주어야 할 위로입니다.

특히 '왜' 라는 질문에 신중해야 합니다. 모든 질문에 답을 해야만 하는 것은 아닙니다. 하나님의 섭리는 우리가 다 답을 할 수 있을 정도로 단순하지 않습니다. 어설픈 답변을 하느니 차라리 모른다는 대답이 낫습니다. 그것이 차라리 묻는 사람의 마음을 만족시킬 것입니다.

함께 있어 주라

우리가 사랑하는 사람은 우리의 한 부분과 같습니다. 부모, 남편과 아내, 자녀, 그리고 사랑했던 친구, 이들이 죽으면 우리의 한 부분이 죽습니다. 그렇기 때문에 남은 가족들의 상실감은 이루 말할 수 없습니다.

정말 어려운 경우는 아이를 잃었을 때입니다. 죽음의 현실을 받아들이지 못합니다. '만약, ~했더라면' 이라는 죄책감, 양심의 가책, 의기소침과 해결할 수 없는 질문들이 증가하게 됩니다. "당신은 언제든지 또 다른 아기를 가질 수 있어요"라는 말은 전혀 위안이 되지 않습니다.

심리학자들은, 아이를 잃은 것과 같은 전신 쇼크는 우울증과 불면증을 일으킨다고 합니다. 그 부모들은 잠을 자도 피로를 풀 수 없을 정도입니다. 그들의 눈은 붓고 충혈되어 있으며, 몇 시간을 함께 이야기해도 그 내용을 아무 것도 기억하지 못하는 경우도 있습니다.

어떤 부모들은 죽은 자녀의 환상을 보거나 환청을 듣기도 합니다. 한 아버지는 운전을 할 때 종종 딸의 환상이 자기 앞에 나타난다고 합니다. 그리고 도로를 보면 사방에서 딸의 모습이 보인다고 합니다.

어쩌면 자식을 잃어버리는 것보다 더 큰 고통은 없을 것입니다. 자식을 잃은 부모들은 미래의 일부를 잃은 것입니다.

아이의 죽음은 부모의 살아갈 의욕마저 빼앗아 갈 위험이 있습니다.

어떻게 도울 수 있을까요? 상담가 게리 콜린스는 이런 예를 소개하고 있습니다. 한 가족이 아이를 잃었을 때 한 사람이 위로하기 위해 즉시 찾아왔습니다. 슬픔에 짓눌린 가족들은 도움을 거절했습니다. 그 친구는 자기 차에 돌아가 앉아 있었습니다.

여러 시간이 지나서야 그 가족은 그 친구가 조용히 밖에 앉아 있는 것을 알았습니다. 후에 그들은 어떤 것보다도 이러한 사실이 슬픔을 견디어 내는데 도움을 주었다고 말했습니다.

일상생활을 돌보아 주라

사별하고 나면 처음에는 쇼크로 정신이 없어 일상생활의 감각을 잃어버리게 됩니다. 모 대학에 출강하는 어느 여 교수의 이야기를 읽어본 적이 있습니다. 남편이 47세의 나이로 먼저 세상을 떠났는데 이후 그 여인은 밥 한 술 먹지 못하고 빈사 상태에서 하루하루를 보냈는데 그 기간이 6개월이나 지속되었습니다.

고통은 지진과도 같이 갑작스레 파괴적인 힘으로 우리에게 몰아 닥칩니다. 자식이나 배우자를 잃어버리는 일은 삶이 무너지는 일입니다. 무엇과도 비교할 수 없는 가장 큰 스트레스입니다.

그러므로 유가족을 돕는 일에는 지극히 사소한 일들까지 포함합니다. 기본적으로 할 수 있는 일이라고 생각되는 일상적인 것도 그들이 적응할 때까지 정기적으로 방문하여 돌보아 줄 필요가 있습니다.

슬픔은 보편적인 경험입니다. 슬픔을 피할 수 있는 사람은 거의 없습니다. 슬퍼하는 일은 정화하는 과정으로서 어느 정도의 시간이 필요합니다. 일반적인 경우라면 아무리 극심한 슬픔도 1, 2년 안에 끝이 납니다. 그 슬픔을 극복하는 기간이 길어질 때 주변 사람들은 인내심을 가져야 합니다. "아직도 그 일을 정리해 버리지 못하셨나요?"라고 말하지 않도록 하십시오.

결코 쉬운 일은 아니지만 그들에게 다가온 고난의 의미를 발견할 수 있도록 도우십시오. 그래야 상실감에서 벗어나 온전히 마음의 작별 인사를 할 수 있게 되고 비로소 슬픔도, 고통도 극복할 수 있게 됩니다.

왜 살아야 하는가

유대인이었던 빅터 프랭클은 비엔나에 있는 한 병원에서 신경과 과장으로 근무하고 있었습니다. 서른 일곱 살 때인 1942년, 그는 나치에 의해 1천 5백 명의 다른 유대인들과 함께 동북쪽으로 가는 기차에 짐짝처럼 실려졌습니다. 기차가 며칠을 달려 도착한 곳은 악명 높은 죽음의 수용소인 아우슈비츠였습니다.

열차의 문이 열리고 "모두 플렛폼으로 나오라"는 명령이 떨어졌습니다. 포로들의 긴 행렬이 독사 같은 눈을 하고 노려보고 있는 SS대원 앞을 통과하였습니다. 그 SS대원은 엄지손가락을 추켜세워 자기 앞을 통과하는 사람에게 왼 쪽 혹은 오른쪽으로 갈 것을 지시했습니다. 포로들 대부분은 왼쪽으로 보내지고 있었습니다.

프랭클은 오른쪽으로 가도록 지시를 받았고, 이렇게 하여 프랭클은 그의 동족인 유대인 6백만 명을 학살한 조직적이고 능수능란한 살인마의 도살장으로 들어가게 된 것입니다.

이미 누이동생 하나를 제외한 사랑하는 아버지, 어머니, 형, 아내를 대학살의 희생 제물로 빼앗긴 그는 그곳에서 이루 형언할 수 없는 고통과 자신이 일찍이 신뢰하고 있던 모든 것을 엄격히 시험해야 하는 모진 시련을 겪어야 했습니다.

그는 그곳에서 119번으로서 포로 생활을 했습니다. 그 당시 포로들의 생활은 철로를 놓거나 굴을 파는 것이었는데, 얇은 홑이불 하나만 입은 채 땅 속까지 얼어붙은 매서운 추위를 이기지 못해 수많은 사람들이 쓰러져 갔습니다.

그는 아우슈비츠에서의 혹독한 생활을 견디어 냈고 소중한 깨달음을 얻고 돌아와 그 유명한 '로고데라피' (의미요법)라는 치료법을 창시하게 되었는데, 그가 깨달은 바는 인간의 운명에 대처하는 방법이었습니다.

그는 "왜 살아야 하는지 그 삶의 의미를 가지고 있는 사람은 어떻게 해서든 살아남을 수 있다"는 니체의 말을 인용하여 그의 견해를 펼쳤습니다. 그가 인간 실존에 있어서 문제로 삼은 것은 우리를 기다리고 있는 운명이라기 보다는 오히려 그 운명을 받아들이는 태도였습니다.

의미를 알면 산다

「죽음의 수용소에서」라는 책에 소개되고 있는 빅터 프랭클의 체험담은 고난의 의미를 안다는 것이 고난을 이기는데 얼마나 중요한 것인가를 보여주고 있습니다.

한 번은 나이 많은 의사가 심한 신경쇠약 때문에 빅터 프랭클을 찾아 왔습니다. 그는 몹시 사랑하였던 부인을 2년 전에 잃고는 그 충격에서 벗어나지 못하고 있었습니다.

어떻게 하면 그를 도울 수 있을까? 그에게 뭐라고 말하면 좋을까? 프랭클은 그에게 아무 말을 하지 않고 그 대신 질문을 던졌습니다.

"당신이 먼저 죽고 당신 부인이 살아 남았다면 어떻게 되었을까요?"

"그녀에게는 참기 어려운 고통이었을 것입니다."

그러자 프랭클은 그에게 이렇게 말했습니다.

"부인은 그런 고통을 받지 않게 되었습니다. 이제는 선생님이 살아남아 부인을 애도하여 그 대가를 치러야지요."

그는 아무 말도 않더니 프랭클의 손을 쥐고는 조용히 사무실을 떠났습니다. 이처럼 고난은 그 의미를 발견하는 순간에 어느 시점에서 그치게 되는 것입니다.

우리 인간은 누구나 생노병사의 고통을 당하게 되어 있습니다. 인생 자체가 고통입니다. 고통은 우리가 인생을 사는 동안 피할 수 없는 것입니다. 그러나 우리는 고통의 의미 즉, 고난이 무엇을 위한 것이며 무엇을 가져다주는 것인지를 알게 될 때 고통을 견디어 낼 수 있습니다.

「치유」라는 책을 쓴 프란시스 맥너트는 고통을 신비라고 표현했습니다. 고통이란 우리 모두가 어떤 형태로든 직면해야 할 하나의 신비이며, 이 신비는 하나님의 섭리를 이해하는 만큼 풀어지게 되어 있습니다.

때가 되면 알게 된다

성도는 세상에서 고통 당할 때 낙심치 말고 하나님을 바라보며 잠잠히 기다려야 합니다. 지금 당장은 알 수 없어도 언젠가는 그 의미를 알게 될 것이기 때문입니다.

두 차례 노벨상을 받은 세계적인 과학자 퀴리 부인의 고백은 우리의 마음을 뭉클 하게 합니다.

퀴리가 어린 시절, 밤이면 엄마에게 다가가서 인사를 했습니다. "엄마 안녕히 주무세요." 그런데 엄마는 퀴리를 한번도 꼭 안아주지 않고 이마에 굿 나잇 키스도 해주지 않았습니다. 어린 퀴리는 그것이 못내 서운하여 가슴에 조그만 못이 되었습니다.

그러나 깜찍하고 영리한 퀴리는 엄마에게 불쾌감을 줄까하여 묻지 않았습니다. 그렇게 세월이 흘러갔습니다. 퀴리가 처녀로 다 자란 어느 날 그 비밀을 알게 되었고 엄마의 지극한 사랑과, 그 엄마의 아픈 사랑을 이해하고 감격하면서 울어버렸다고 합니다. 이유인즉 퀴리가 소녀 적에 엄마는 폐결핵을 앓고 있었습니다. 그래서 엄마는 어린 퀴리에게 그 병이 옮겨질 까봐 정다운 키스도, 귀여운 딸을 안아주지도 못했던 것입니다.

예수님도 "너희가 지금은 모르나 후에는 알리라"고 했습니다. 그러므로 억울하고, 괴롭고, 고통스럽고, 힘이 들 때 하나님을 바라보고 잠잠히 기다리면 알게 될 날이 있으며, 그 고통을 벗고 하나님께 영광을 돌리는 날을 맞이할 수 있을 것입니다.

모래 위의 한 사람의 발자국에 대한 이야기를 들어보셨습니까?

다음에 소개하는 '발자국' 이라는 시는 작자 미상의 영시로서 우리에게 많은 것을 시사하고 있습니다.

발자국

어느 날 밤
한 사람이 꿈을 꾸었습니다.
꿈속에서 그는 하나님과 함께 해변을 걷고 있었습니다.
모래 위에는 두 쌍의 발자국이 그 뒤를 따르고 있었습니다.
발자국을 따라 그의 지나온 생애가
한 장면 한 장면 하늘에 비치고 있었습니다.
그는 알 수 있었습니다.
생애의 장면마다 모래 위에는
언제나 두 쌍의 발자국이 남아 있다는 것을.
그의 발자국 옆에는
언제나 하나님의 발자국도 같이 있었습니다.
하늘에는 계속해서 그의 지나온 생애가
한 장면 한 장면 연출되고 있었습니다.
문득 그는 모래 위에 남긴 발자국을

다시 한번 돌아다보았습니다.

그는 곧 생각해 냈습니다.

이 기간이 그의 생애에 있어서

가장 슬프고 괴로운 기간이었다는 것을.

그러자 그는 무척 슬프고 당황하였습니다.

그래서 그는 하나님께 물었습니다.

주님! 주님이 말씀하지 않았습니까?

내가 주님을 따르겠다고 결심했을 때

주님은 항상 나와 함께 하시겠다고 약속하지 않았습니까?

그런데 주님은 내가 가장 슬프고 괴로웠을 때,

그 때 주님은 내 곁에 계시지 않았습니다.

내게 주님이 가장 필요했을 때 주님은 나를 떠나셨습니다.

주님! 저는 주님을 이해할 수 없습니다.

하나님께서 대답하셨습니다.

사랑하는 내 아이야.

나는 너를 사랑한단다.

그리고 나는 너를 버린 적이 없단다.

나는 네가 가여워 너를 품에 안고 걸었단다.

그래서 모래 위에는 나의 발자국만 남아 있는 거란다.

우리가 가장 고통스러울 때 주님은 나를 품에 안고 걸으셨습니다. 얼마나 감사합니까? 주님의 크고 넘치는 은혜는 말로다 형언할 수 없습니다.

하지만 어떤 분에게는 이 이야기가 너무 익숙해 처음의 그 감동과 마음 저리는 사랑의 감격이 사라졌을지도 모르겠습니다. 그러나 고통이 있는 곳에 하나님이 함께 하시고, 당신이 고통 당할 때 하나님께서 함께 고통 당하신다는 이 사실만은 잊지 말았으면 합니다.

글을 마치면서

빅터 프랭클이 미국의 대학생들에게 질문지를 통해서 "인생에 의미가 있다고 생각하는가?"라고 물은 적이 있습니다. 이 때 응답자의 80퍼센트가 "전혀 없다"라고 회답했습니다. 현대인의 모습을 단적으로 보여주는 통계라고 말할 수 있을 것입니다.

많은 사람들이 삶의 의미를 찾지 못하고 바람 부는 대로 표류하는 인생을 살고 있습니다. 조금 심하게 말한다면 찾으려는 노력조차 하지 않고 있습니다. 되는대로 사는 것을 인생인 양 생각하며 사는 사람들이 얼마나 많습니까?

1963년 마틴 루터 킹은 피살되기 얼마 전 이러한 말을 남겼습니다. "아직 자신이 무엇을 위해 죽어야 할 지를 발견하지 못했다면 그 사람은 살 자격이 없는 사람이라고 나는 감히 말씀드리고 싶습니다."

킹 목사의 이 말은 우리에게 큰 도전을 주고 있습니다. 우리 인간은 언제, 어디서, 어떻게 죽을지 모른 채 살고 있습니다. 우리는 죽음을 외면하지 말고 진지하게 생각해 보아야 합니다. 그러면 죽음을 맞이하기까지 어떻게 살아야 할 것인지 고민하지 않을 수 없을 것입니다.

하나님의 사람들은 '죽으면 죽으리라' 는 각오로 살았습니다. 살고자 하면 죽고, 죽고자 하면 삽니다. 어느 순간이고 죽을 준비가 되어 있다면 어느 순간이고 살 준비가 되어 있는 것입니다.

예수님은 자신이 이 세상에 온 목적에 대해서 "인자의 온 것은 섬김을 받으려 함이 아니라 도리어 섬기려 하고 자기 목숨을 많은 사람의 대속물로 주려 함이니라"(막 10:45)고 친히 말씀하셨습니다.

예수님은 다른 사람들을 섬기기 위해서 오셨습니다. 예수님은 다른 사람들을 위해 십자가에 달리셨고, 다른 사람들을 위해 죽으셨습니다. 예수님께서 보여주신 인간의 원형, 참 모습은 남을 위한 인간입니다.

자기 자신만을 위해 사는 사람은 늘 불만스럽고 고독한 인생을 살 수 밖에 없습니다. 참 행복은 하나님을 섬기며 남을 위해 살아가는 삶에서 맛볼 수 있습니다. 인간은 그런 존재로 지음을 받았습니다.

슈바이처는 어린 시절 동네 아이와 싸움을 한 적이 있었는데 자기보다 큰 아이를 이겼습니다. 그 때 싸움에서 진 큰 아이는 억울해하며 "나도 너처럼 잘 먹으면 문제없이 이길 수 있어"라고 외쳤습니다. 이 말을 듣고 난 이후 슈바이처는 남을 생각할 줄 아는 아이가 되었습니다.

그러다가 스물 한 살 되던 어느 여름날 명상 중에 남을 위한 삶의 목표를 설정하게 되었습니다. 슈바이쳐는 자신의 행복한 삶을 당연한 것으로 받아들일 것이 아니라 불행한 사람들에게 무엇인가를 베푸는 삶을 살기 위해 서른 살까지 준비하기로 했습니다.

그는 서른 여덟 살이 되던 해, 온전한 헌신을 위해 탁월한 연주가요, 신학자요, 철학자로 명성을 얻었던 대학과 교회에 사표를 제출하고 아프리카 오지의 길을 택하게 되었습니다.

슈바이쳐가 휴가 차 구라파로 돌아왔을 때 그의 나이 팔십 세였습니다. 언론 기관의 한 기자가 생각해보니 도저히 이해가 되지 않았습니다.

'왜 저렇게 훌륭한 사람이 구라파의 편리한 문명 생활과 명성을 다 버리고, 더위와 질병과 흑인들과 극심한 고생만이 넘치는 그 암흑의 대륙에 가서 살아야 했던 것인가? 또 그의 나이가 팔십 세인데 아프리카로 다시 돌아가서 위험을 무릅쓸 필요가 어디 있을까?

그래서 그 기자는 슈바이쳐에게 왜 그런 암흑의 대륙에 갔으며 또 가야 하는지를 물었습니다. 그러자 슈바이쳐는 이렇게 대답을 했습니다.

"나도 나를 구원해 주신 그리스도를 위해서 무슨 일인가를 해야만 했으니까요."

슈바이쳐는 아프리카에서 구십 세의 생애를 마쳤습니다.

하나님께서는 인류를 위해 부와 명예와 육신의 안락을 내버리고 아프리카 오지에서 의료 선교사로 헌신한 슈바이처에게 20세기 성자, 아프리카의 성자라는 이름을 주셨습니다.

우리 모두는 사랑에 빚진 자들입니다. 그 빚을 갚아야 합니다. 우리도 이제는 그리스도를 본받아 살아야 합니다. 그리스도의 사랑으로 세상을 품어야 합니다. 나를 위해서가 아니라 다른 사람을 위해 살다가 죽어야 합니다.

성자들의 삶은 세속적인 관점에서 볼 때 행복의 조건은 찾을 수 없습니다. 사람들은 '저희들의 삶이 얼마나 고생스러울까' 라고 생각합니다. 그러나 성자들은 자기 희생과 헌신의 삶에서 오히려 행복을 느끼며 살았습니다.

1979년 노벨 평화상을 받은 마더 테레사 수녀가 죽었을 때, 만 이천 명의 사람들이 '빈민가의 성자' 라고 불린 이 여인의 장례식에 참석했습니다. 그리고 50만 명의 사람들이 그녀의 장례식이 거행된 경기장 밖에 모여들었습니다. 그녀는 일생을 가난한 사람들에게 헌신하였으며, 그녀로 인해 세워진 기구가 전세계 126개국에 산재하며 센터가 6백여 개나 됩니다.

인도 켈커타에는 거대한 옥외 게시판이 서 있습니다. 거기에는 그녀의 이름이 적혀 있는데, '마더 테레사, 출생연도 1910년' 이라고만 적혀 있습니다. 그녀의 장례를 치루었음에도 불구하고 그녀가 죽은 해는 표시되어 있지 않은 것입니다. 사람들은 테레사 수녀가 태어난 해만 기록해 놓음으로써, 그녀의 정신은 영원히 살아 있다는 것을 강조하는 것입니다.

성자들의 삶의 가치는 그들의 생존 기간에만 머무는 것이 아니라 오히려 그들의 죽음 이후에 더욱 빛이 나고 있습니다. 우리도 남기고 가는 삶을 살아야 하지 않겠습니까?